Direito à vagabundagem

F✦SF✦R✦

Direito à vagabundagem

As viagens de Isabelle Eberhardt

Organização
PAULA CARVALHO

Tradução
MARIANA DELFINI

PARTE I
por Paula Carvalho

- 11 Introdução: Pelo direito de vagar
- 28 Vagabundagem geográfica: partir é o ato mais corajoso de todos
- 45 Vagabundagem identitária: a encarnação do que há de melhor em mim
- 62 Vagabundagem interior: rezar é melhor que dormir
- 73 Vagabundagem documental: a lenda é sempre mais interessante que a verdade

PARTE II
por Isabelle Eberhardt

VAGABUNDAGENS
- 87 Vagabundagem
- 90 Andarilho
- 95 Horas de Túnis
- 105 Reminiscências
- 108 Lembranças do Sahel tunisiano
- 115 Hadjerath-M'Guil
- 118 Na zauia
- 124 Transformação
- 126 *M'Tourni*
- 132 Primeiro diário
- 144 Carta difamatória contra Eberhardt, quando ela estava em Ténès

ISABELLE EBERHARDT POR ELA MESMA
- 149 Trecho de carta a Ali Abdul Wahab
- 156 Carta ao editor do *La Petite Gironde*
- 160 Trechos de "Em direção aos horizontes azuis"

TEXTOS POLÍTICOS
- 171 A chegada do colono
- 176 Trecho de "Um outono no Sahel tunisiano"
- 181 Criminoso
- 188 *Fellah*
- 206 Amara, o forçado
- 212 A era do Nada

NÃO FICÇÃO
- 221 Caçadores de esquecimento
- 225 Esquina do amor
- 230 A revoltada
- 233 Escravos
- 236 Mundinho das mulheres
- 238 Mériéma

FICÇÃO
- 245 Infernalia (Volúpia sepulcral)
- 250 O feiticeiro

- 257 AGRADECIMENTOS DA ORGANIZADORA
- 258 GLOSSÁRIO
- 262 NOTAS
- 271 REFERÊNCIAS BIBLIOGRÁFICAS

Isabelle Eberhardt vestida de marinheiro,
fotografada por Louis David em Genebra, 1895.
Em seu chapéu, a inscrição "Vengeance" [Vingança]

Parte I

Por
PAULA CARVALHO

Armada com cicatrizes
curada
em muitas cores diferentes
eu olho bem meus rostos
como uma filha de Exu gritando
se nós não paramos de matar
o outro
em nós mesmos
a parte de nós que odiamos
nos outros
em breve todos estaremos prostrados

Audre Lorde, *A unicórnia preta*

Na verdade, jamais paramos de viajar, desde o instante em que nossa constituição original é aquela da constituição dos nossos princípios físicos, até o infinito...

Ibn Arabi, *Le Dévoilement des effets du voyage*

Eles chegam como o destino, sem causa, sem razão, sem respeito, sem pretexto...

Gilles Deleuze e Félix Guattari, *Mil platôs*

É de fato sagrado apenas o caminho cujo objetivo não se conhece e que, no entanto, se persiste em seguir.

Stefan Zweig, *O candelabro enterrado*

INTRODUÇÃO

Pelo direito de vagar

Por muito tempo, o Vagabundo olha para a estrada, a estrada longa e branca que vai embora ao longe.

É a estrada do Sul.

Na alma subitamente desperta do Vagabundo, agita-se um mundo de memórias.

Ele fecha os olhos para caçar essas visões. Ele aperta a mão da sua amada.

Mas, apesar de si mesmo, ele abre os olhos novamente.

Seu antigo desejo pela velha mestre tirânica, embriagada de Sol, volta a possuí-lo.

De novo, ele era dela, com todas as fibras do seu ser.

Uma última vez, ao levantar, ele lança um longo olhar para a estrada: ele foi prometido a ela.

[...]

O Vagabundo olha para sua amada, próxima a ele.

Ela não passa de uma miragem, inconsistente, que se dissipa com o luar.

A imagem da amada se torna vaga, pouco distinta, distante. Assim, o Vagabundo, que a amou para sempre, compreende que deve partir com a alvorada, e seu coração aperta.

Ele pega uma das grandes flores na carne da canforeira perfumada e beija-a para abafar um soluço.

O andarilho, protagonista de "O Vagabundo",[1] renuncia à sua vida errante, à sua "orgulhosa solidão", à estrada — essa "mestre tirânica" — para se fixar ao lado da mulher amada em Argel, capital da Argélia. O idílio amoroso parece contentá-lo — "Por que procurar o espaço quando seu estreito retiro se abre no imenso horizonte, quando sentem o universo se resumindo neles mesmos?" —, mas a sensação dura pouco. Logo, a estrada volta a chamá-lo, e ele não consegue deixar de segui-la, abandonando a amante. E agora ele "se permite dormir sozinho no chão, um estranho entre os homens simples e rudes, na mesma terra, na mesma terra que embala, em um canto anônimo do deserto onde ele nunca mais retornaria".

A errância é uma constante na vida e nos textos de Isabelle Eberhardt (1877-1904), portanto, não seria ir longe demais afirmar que ela fala de si mesma ao se referir ao andarilho do conto, aquele que estava prometido à estrada. Escrito em abril de 1904, ano da morte da autora, "Le Vagabonde" foi publicado em 3 de maio no jornal argelino *La Dépêche Algérienne*.[2]

No dia 18 de janeiro de 1900, Eberhardt escreveu em seu diário que a sua "verdadeira vida" é "errante e incoerente", assim como a de Dimitri Orschnaw, o estudante russo de medicina protagonista de seu romance inacabado *Trimadeur*. O termo que dá título a essa narrativa significa vagabundo, em particular o trabalhador que vai de cidade em cidade procurando por trabalho. Em alemão, uma palavra similar a essa, de uso corriqueiro em fins do século 19 para descrever oficiais que se alistavam na Legião Estrangeira, era *Heimatlos*, isto é, alguém sem pátria que viaja para trabalhar, que é justamente o que Dimitri faz no romance. Depois de se envolver com revolucionários em

São Petersburgo, ele parte para o Norte da África com a Legião Estrangeira e declara:

> Mas eu ainda tenho muito apego sentimental à minha vida passada, ainda sou muito aprendiz para ir embora definitivamente, para me tornar o que eu gostaria de ser: um vagabundo, mas não o vagabundo decaído que sou agora: um vagabundo que se intoxica com todos os tipos de beleza, que cruza o vasto universo, radiante e livre.

Eberhardt se via dessa maneira, *trimadeur*, *Heimatlos*, e depois da morte da mãe, do meio-irmão Wladimir e de seu tutor, deixou claro em seu diário, em 18 de janeiro de 1900, seu destino de andarilha. Não havia mais ninguém em quem se ancorar:

> Felizmente toda a minha vida passada, toda a minha adolescência contribuíram para me fazer entender que a felicidade tranquila é construída apenas por mim [...]
> E agora assumi o meu papel. A ele amo mais que qualquer felicidade egoísta, a ele sacrificarei tudo que me é caro. Esse objetivo será sempre minha orientação pela vida.
> Renunciei a ter um canto *para mim* neste mundo, uma *home*, um lar, a paz, a fortuna. Vesti a farda, por vezes bastante pesada, do vagabundo e do apátrida. Renunciei à felicidade de chegar em casa, de encontrar os entes queridos, o descanso e a segurança.

Em uma entrada de seu diário em 7 de julho de 1902, ela revelou sua atração pela estrada desde a mais tenra idade:

> Nômade eu era quando, ainda pequena, sonhava em ver a estrada, a estrada branca que partia, sob o Sol que me parece mais brilhante, em direção ao desconhecido encantador... nômade eu permanecerei toda a minha vida, apaixonada pelos horizontes mutáveis,

de distâncias ainda inexploradas, pois toda viagem, mesmos nos lugares mais frequentados e mais conhecidos, é uma exploração.

Portanto, Eberhardt escreve pelo direito de vagar, é sua filosofia de vida. "Um direito que apenas poucos intelectuais se empenham em reivindicar é o direito à errância, à *vagabundagem*". Esse é o começo de um de seus textos mais famosos. Escrito em 1902 e sem título, mas que ficou conhecido com o nome de "Vagabundagem", ele abre a segunda parte deste livro, que procura ampliar o alcance da vida e da obra de Isabelle Eberhardt, essa personagem ainda pouco conhecida entre o público brasileiro.

Quem lê "vagabundagem" no título deste livro pode pensar que ele seja inspirado no best-seller *O ócio criativo* ou algum libelo à preguiça, mas o sentido denotativo no português da palavra vagabundo é "alguém que vagueia, que anda sem destino; nômade; vagamundo; andarilho"; "que é vadio, que é desocupado ou faz as coisas sem vontade"; "que demonstra inconstância; que é volúvel"; "que é infame, canalha, desonesto"; "de má qualidade". Já "vagabundagem" vem do francês "*vagabondage*" e significa "vida de vagabundo; vadiagem; vagabundismo"; "o conjunto dos vagabundos". "Vagabundo" e "vagabundagem" trazem em um primeiro momento conotações negativas e pejorativas, principalmente quando a palavra aparece em sua forma feminina, ganhando contornos moralistas ao se criticar a vida sexual das mulheres e associando-a à prostituição, referência essa também encontrada na sua versão francesa, "*vagabonde*".

No Brasil, a criminalização da vagabundagem foi herdada das leis de Portugal — que enviava os considerados vadios para as colônias. Desde a época do Império, mecanismos jurídicos para combater a vadiagem foram acionados para criminalizar mendigos, prostitutas, vagabundos e ébrios. Como explicam os pesquisadores Alessandra Teixeira, Fernando Afonso Salla e Maria Gabriela da Silva Martins da Cunha Marinho, essa era uma forma de controle sobre uma população marginalizada que estava diretamente ligada à estrutura social escravista que organizava a colônia e o Império.[3]

Depois da Abolição, em 1888, esses dispositivos passaram a ser usados pelas elites para controlar os ex-escravizados libertos. Durante a Era Vargas (1930-1945), foram aprimorados na chamada "Lei da Vadiagem", sancionada em 1941. O artigo 59 dessa lei considerava vadiagem "entregar-se alguém habitualmente à ociosidade, sendo válido para o trabalho, sem ter renda que lhe assegure meios bastantes de subsistência, ou prover à própria subsistência mediante ocupação ilícita". Assim, a criminalização da vadiagem, da mendicância e da embriaguez tinha por intuito perseguir os grupos mais pobres da população brasileira, que eram alvo de uma política higienista por parte do governo. A mendicância deixou de ser crime apenas em 2009, contudo a vadiagem se mantém, em 2022, como um ato infracional no Código Penal brasileiro.[4]

Além do contexto sociojurídico do país, o uso das palavras "vagabundo" e "vagabundagem" sob uma luz mais favorável pode causar estranhamento em nossa sociedade capitalista, uma vez que ela nos estimula a ser "produtivos" o máximo de tempo possível. Coloco essa palavra entre aspas pois considerar uma atividade como produtiva ou não é arbitrário, e se baseia no modo de produção capitalista, que exclui do seu arcabouço atividades reprodutivas (em geral realizadas por mulheres) e de manutenção de modos de vida das chamadas comunidades tradicionais, como explica Silvia Federici em *O ponto zero da revolução: trabalho doméstico, reprodução e luta feminista*. A escritora Jenny Odell, no livro *Resista, não faça nada: a batalha pela economia da atenção*, aborda o ato de "fazer nada" como uma forma de resistência à cultura da "produtividade" da sociedade capitalista.

Feita essa digressão, e de volta aos sentidos e nuances da palavra vagabundo em si, sabe-se que é originada do latim *vagari* e significa vagar. Foi difundida na França e na Grã-Bretanha no século 14 e já então era associada à criminalidade, quando crises econômicas somadas a reformas sociais e agrárias criaram um contingente de pessoas sem terra que vagavam pela Europa, criando desconfiança em sociedades feudais que valorizavam a ligação e o trabalho do indivíduo com a terra. Nos séculos 18 e 19, vagabundagem podia significar uma busca literária por movimento, ligada à procura da própria subjetividade. Além disso, o termo mantinha ligação com a chamada *"rogue literature"*, um gênero que se voltava para histórias contadas por ladrões e foras da lei e que foi popular nos séculos 16 e 17 — um exemplo famoso são as narrativas de Robin Hood.

É um território predominantemente masculino que teve como principais expoentes Lorde Byron, Victor Hugo e Rimbaud. Não é de se espantar se pensarmos que o deslocamento era (e, de alguma forma, ainda é) o domínio dos homens. A presença de uma mulher viajante causava assombro, surpresa e escândalo. Livros de conduta feminina publicados até meados do século 20 afirmavam que o mundo exterior pertencia aos homens, e esperava-se que as mulheres ficassem em casa, uma vez que a natureza feminina estaria voltada para o mundo interior. As mulheres — das classes mais altas, diga-se de passagem — deveriam seguir um ideal de feminilidade, segundo o qual apresentariam autocontrole, seriam subservientes aos seus familiares masculinos, educariam seus filhos nos valores cristãos e seriam as guardiãs morais da "civilização". Ao mesmo tempo, eram representadas como fracas e delicadas, propensas a desmaios e doenças. Atividades físicas extenuantes eram desestimuladas, pois o sistema nervoso das mulheres, por causa de seus órgãos reprodutivos, era considerado muito mais delicado que o dos homens. A questão do vestuário também era um obstáculo para as mulheres viajarem: as roupas femininas impediam uma mobilidade maior do corpo e, por vezes, exigiam uma quantidade grande de bagagem.

Mesmo assim, para os casos em que precisassem sair do âmbito doméstico, havia alguns manuais de etiqueta de viagem que traziam conselhos do tipo: "Qualquer material mais elegante, de renda ou veludo, é de um mau gosto excessivo em um chapéu de viagem". Ou então, "não amole o seu companheiro de viagem ou o condutor com perguntas como 'Onde estamos agora?', 'Quando vamos chegar?'". E ainda, se estiver acompanhada por um homem, "não interfira nos arranjos que ele pode fazer para o seu conforto durante a viagem", pois, afinal, ele sabe o que é melhor para você.

A viagem, portanto, é simbolicamente um domínio masculino, inclusive na forma como é descrita: uma terra, entidade feminina, a ser conquistada e *penetrada* por homens. A *Odisseia*, de Homero, considerada um dos primeiros relatos de viagem na história da literatura, já deixa bem demarcado qual é o papel feminino na narrativa: Penélope, a esposa fiel, espera em Ítaca pelo marido Odisseu, que partiu para lutar na Guerra de Troia ao lado dos gregos e demora anos para retornar ao lar, vivendo uma série de aventuras durante a ausência. De acordo com Sónia Serrano, autora do livro *Mulheres viajantes*, as mulheres aparecem como "objeto de desejo, e não como companheira ou, quase nem ousamos dizê-lo, protagonista, da viagem".

Até hoje, mulheres que viajam causam estranhamento, principalmente as que se aventuram sozinhas. Apesar de tudo isso, segundo a pesquisadora irlandesa Dúnlaith Bird, elas passaram a se apropriar desse movimento da vagabundagem a partir do século 19, criando uma tradição literária de relatos de viagem que perdura até os dias atuais. Contudo, ainda que reivindiquem e participem dessa tradição, como aponta bell hooks, mais mobilidade não é equivalente a mais liberdade, uma vez que esse tipo de experiência também está historicamente associado à migração forçada e à escravização entre populações não brancas.[5] Ainda para hooks, o modo como nos apegamos à viagem como conhecemos é também um jeito de nos apegarmos ao imperialismo pela forma como esses relatos são narrados, que remetem a uma nostalgia imperialista. "Viajar não é uma palavra que pode ser evocada facilmente para falar da travessia do Atlântico em navios negreiros, da Trilha das Lágrimas, do desembarque de imigrantes chineses, das mudanças forçadas dos japoneses-americanos ou das condições terríveis dos sem-teto."[6]

Mas, para Bird, a vagabundagem é um fenômeno tanto físico como textual, representando uma forma de garantir o direito das mulheres de se movimentar seguindo as próprias regras, experimentando identidades alternativas e fazendo-se passar por outras pessoas.

Eu mesma conheci Isabelle Eberhardt em meio às minhas próprias vagabundagens. Também sou viajante e, não à toa, estudo viajantes. Comecei a trabalhar com o tema em fins de 2013, quando me deparei com escritos do viajante britânico Richard Francis Burton (1821-1890), uma figura altamente controversa e ao mesmo tempo apaixonante. Estava no Catar, no Museu de Arte Islâmica de Doha, e visitava uma exposição sobre o *hajj*, a peregrinação a Meca que todo muçulmano deve fazer uma vez na vida se tiver condições físicas e financeiras, mas proibida aos não muçulmanos. Lá havia uma seção sobre os exploradores europeus do século 19 que a fizeram, e entre eles estava Burton.

Na ocasião descobri que ele havia escrito um relato pessoal sobre sua viagem intitulado *Personal Narrative of a Pilgrimage to Al-Madinah & Meccah* [Narrativa pessoal de uma peregrinação a Medina e Meca], que saiu em dois volumes, entre 1855 e 1856. Para realizar a peregrinação, Burton assumiu o disfarce do muçulmano Abdullah, figura que aparece em outros de seus livros e que o acompanhou ao longo da vida. O estudo desse disfarce foi meu tema de mestrado e doutorado em história. A partir dele, fui descortinando um mundo de viajantes, cujas vidas são tão fantásticas que parecem saídas de livros de ficção. Dentre esses personagens, Isabelle Eberhardt se destacava pelo modo como mergulhou de cabeça na vagabundagem, me fazendo refletir sobre outros modos de ser e de viver.

Ela perambulou pelos territórios que hoje são Argélia e Tunísia e viveu sua identidade de um modo bastante livre, assumindo diferentes personalidades masculinas ao longo da vida. A principal delas foi a do estudante muçulmano Si Mahmoud Saadi, que se consolida quando resolve residir no Norte da África em meio ao colonialismo francês da época.

Os textos de Eberhardt foram produzidos dentro do que a crítica literária Mary Louise Pratt chama de "zonas de contato", que são os "espaços sociais onde culturas díspares se encontram, se chocam, se entrelaçam uma com a outra, com frequência em relações extremamente assimétricas de dominação e subordinação".[7] Para Dúnlaith Bird, a zona de contato da vagabundagem é mais nuançada porque a viajante procura sair da sua zona de conforto para ter uma experiência direta com outras culturas, sem intermediários —[8] ainda que isso fique mais no plano das ideias. Eberhardt, por exemplo, dependia de guias locais para conseguir se movimentar no deserto do Magrebe e chegou a trabalhar brevemente para o colonialismo francês na Argélia.

De toda forma, Pratt revisitou esse conceito no texto "Planetarity Longings" [Anseios de "planetaridade"], e é essa versão que melhor se assemelha à ideia de vagabundagem de Eberhardt. Segundo ela, dependendo do modo como é concebida, a zona de contato pode se tornar um espaço de diálogo intercultural, uma vez que, quando pessoas de diferentes culturas se relacionam, há uma troca de ideias que modifica regras naturalizadas. Esses momentos de troca não são regulados, pois são concretizados em meio a uma performance improvisada. Ou seja, posições culturais inflexíveis são mais difíceis de serem mantidas quando nos abrimos para diferentes contextos. Segundo Pratt, esse é o futuro da zona de contato.[9]

Assim, é na chave da vagabundagem que este livro trata a vida e os escritos de Isabelle Eberhardt. O primeiro capítulo faz uma apresentação biográfica da viajante, mostrando como a sua vagabundagem geográfica existiu desde o seu nascimento na Suíça em 1877, sendo ela filha ilegítima de uma aristocrata russa que migrou para Genebra. Ao longo da sua formação, Eberhardt aprendeu russo, francês, árabe clássico, alemão, latim e italiano durante a juventude. Além de línguas, seu tutor, e suposto pai, a ensinou outras disciplinas clássicas e a andar a cavalo, e só a deixava sair de casa vestida com roupas masculinas. Ao longo de sua criação, leu vários livros que romantizavam o deserto, como os de Pierre Loti, por isso, sonhava em conhecer essas paisagens, em especial o deserto magrebino, onde passou a perambular em meio à expansão colonialista francesa no Norte da África. Lá, atraiu para si a desconfiança tanto das autoridades coloniais (que a vigiavam de perto) quanto de algumas lideranças locais (que a consideravam uma espiã disfarçada para o Império Francês). Foi lá também que trabalhou como jornalista para o periódico de língua francesa *Al Akhbar*, criado pelo seu amigo Victor Barrucand em Argel, publicando relatos da guerra travada entre grupos locais na fronteira Argélia-Marrocos. Eberhardt pode ser considerada uma das primeiras mulheres a se tornar correspondente de guerra. E foi no deserto que ela morreu de forma trágica, afogada durante uma inundação na cidade de Aïn Sefra, aos 27 anos.

O segundo capítulo aborda a forma fluida como ela lidou com a sua identidade, não só de gênero, mas de etnia. Além de ter sido criada com roupas e hábitos tidos como masculinos, Eberhardt usou pseudônimos masculinos em textos e cartas. Quando se mudou definitivamente para a Argélia, assumiu de vez a personalidade do estudante Si Mahmoud Saadi — sem, entretanto, nunca deixar para trás a identidade de Isabelle Eberhardt.

O terceiro capítulo trata da sua busca religiosa, tema essencial na sua vida, tanto que ela chegou a ser considerada mística por alguns depois de se converter ao sufismo. Já o quarto capítulo traça a trajetória de Eberhardt depois de sua morte na forma dos seus manuscritos, apropriados e modificados pelo editor Victor Barrucand. Apenas a partir do final dos anos 1980 é que pesquisadores conseguiram resgatar a integridade de seus escritos.

Em termos de circulação e recepção crítica, a vida e a obra de Isabelle Eberhardt inspiraram peças de teatro, uma ópera, um musical e um filme, além de várias biografias e trabalhos acadêmicos pelo mundo. Alguns de seus textos foram traduzidos para o inglês por Paul Bowles, autor e compositor radicado em Tânger, no Marrocos, no livro *Oblivion Seekers* [Caçadores de esquecimento] — uma das obras favoritas da cantora, compositora e escritora Patti Smith.

Na visão da pesquisadora argelina Sabrina Benziane, Eberhardt procurou sempre fugir da política partidária da colônia, e seus textos não trazem análises profundas sobre fatos históricos e políticos da questão colonial. Apesar disso, ela esteve sempre do lado do marginalizado e do oprimido, indo contra a corrente literária da época, sendo, assim, uma pioneira da literatura argelina francófona.[10]

Para a escritora francesa Catherine Stoll-Simon, seus escritos antecipam em sessenta anos os do psiquiatra e cientista político martinicano Frantz Fanon em sua defesa dos colonizados da Argélia e dos demais grupos oprimidos. Para combater a intolerância e o preconceito contra os árabes, ela inverte o olhar da sua escrita, colocando no centro dos contos ficcionais o colono que, após ter superado sua desconfiança inicial, se funde à população local, exercendo seu ofício sem dominá-los, aprendendo sua língua e se interessando por sua religião.

O operário maçom Roberto Fraugi, do conto "*M'tourni*", desenvolve tal abertura com o colonizado que o leva a se arabizar, abandonar suas vestimentas europeias, casar-se com Fathma Zohra e se converter ao Islã, adotando o nome de Mohammed Kasdallah. Contudo, em outros contos essa assimilação é mais difícil, pois o relacionamento entre soldados europeus com jovens garotas locais, inclusive prostitutas, nunca dá certo: ou as mulheres morrem ou a felicidade conjugal é muito efêmera. Ainda assim, o contato, o encontro é mais do que possível, é até mesmo inevitável, e isso já poderia ser considerado uma transgressão para essa tradição literária.

No Brasil, ainda há poucas traduções[11] desses contos e de outros textos de sua autoria, assim como escassos trabalhos sobre Eberhardt, dentre os quais os de Norma Telles, Amilcar Torrão Filho, Claudia Felícia Falluh Balduino Ferreira e Norma Regina Oliveira de Castro, cujas obras estão citadas na seção Referências bibliográficas. Por isso, a segunda parte deste livro é formada por uma seleção de textos da viajante, muitos deles traduzidos pela primeira vez no país. São breves relatos de viagem publicados em vida ou postumamente; trechos de manuscritos que ela pretendia lançar em livro; contos ficcionais (alguns claramente autobiográficos); correspondências; excertos dos seus diários e outros fragmentos textuais que tratam da sua experiência com deslocamentos, com a sociedade europeia e com a política colonialista do Norte da África. Eberhardt se reinventava constantemente nessas zonas de contato.

Seus textos mostram como ela se identificava com os grupos sociais marginalizados: "Na nossa sociedade moderna, o pária é o nômade, o vagabundo, 'sem domicílio ou residência conhecida'" (p. 88). Na vagabundagem, ela via a liberdade que almejava alcançar, para viver longe das amarras da "Civilização, essa grande fraude", que "havia prometido aos homens torná-los livres, tudo isso ao preço da renúncia a tudo aquilo que lhe fosse caro e que, com desdém, ela tratava como mentiras e delírios vãos" (p. 215). Diante disso, não é de se espantar que ela tivesse se aproximado de grupos oprimidos pelo colonialismo, desde oficiais argelinos que estavam sob o jugo das autoridades francesas a grupos de camponeses árabes que tinham as terras confiscadas e de nômades berberes que viam seu modo de vida se modificar diante da entrada mais intensa dos europeus na região. "É um erro grave, na verdade, acreditar que se pode estudar os costumes populares sem se misturar aos meios onde habitam, sem viver a vida deles...", escreveu ela no conto "Amara, o forçado" (p. 206).

Os textos escolhidos para a segunda parte deste livro trazem alguns dos temas mais recorrentes nos escritos de Eberhardt. Na primeira seção, "Vagabundagens", a errância domina tanto sua produção de ficção quanto de não ficção. Em "Isabelle Eberhardt por ela mesma", é possível ter acesso a alguns dos seus poucos escritos, digamos, autobiográficos, seja na forma de carta quanto em trechos de seus relatos de viagem. Os chamados "Textos políticos" trazem contos de ficção e relatos de viagem em que ela descreve a situação marginalizada dos argelinos em relação aos franceses. Já a parte de "Não ficção" reúne trechos de *Sud oranais* [Sul oranês], relatos de suas andanças ao sul da cidade costeira de Oran. "Ficção" completa este volume com duas curiosas produções de Eberhardt, "Infernalia", o primeiro texto da sua autoria publicado sob o pseudônimo de Nicolas Podolinsky, que descreve a atração de um jovem pelo cadáver de uma mulher; e "O feiticeiro", em que se encontra um dos protótipos de *Rakhil*, seu projeto de novela que ela nunca conseguiu concretizar.

Qual é, então, o interesse de se conhecer no Brasil do século 21 uma viajante de origem russa nascida na Suíça que migrou para o deserto argelino na virada do século 19 para o 20? Parece que Eberhardt ainda tem muito a nos ensinar, pela liberdade com que vivia a própria identidade e por sua procura por um "mundo encantado"[12] que encontrou no sufismo do Norte da África — cujo papel era central na configuração política dessa região.

Identidade é um tema que vem ganhando cada vez mais importância no Brasil, tanto em termos étnico-raciais quanto de gênero. E Isabelle Eberhardt viveu tanto sua identidade feminina como as personalidades masculinas que construiu ao longo da vida, em especial Nicolas Podolinsky e Si Mahmoud Saadi. No entanto, ela criticava a forma como as mulheres deveriam se portar na sociedade burguesa europeia. Eberhardt desprezava as mulheres da Europa, "cabeças pueris ou sensuais, sem profundidade de expressão; mundanas, servas da *visibilidade* em detrimento do *real*, servas de seus corpos em detrimento de seu espírito ocupado unicamente com futilidades ínfimas" (p. 213). Assim, as identidades masculinas criadas por ela foram uma estratégia para conseguir se movimentar com maior liberdade, na

Europa e na África. Fumante inveterada, viciada em kief (uma espécie de haxixe comum em países árabes) e sempre com problemas financeiros, Eberhardt passava por períodos em que se perdia no álcool e frequentava as zonas de prostituição nas cidades onde estava residindo. Entre seus vários amantes, destacou-se o *spahi* argelino Slimène Ehnni, com quem se casou oficialmente em outubro de 1901. Os *spahis* eram um regimento de cavalaria formado por soldados locais, uma herança da ocupação do Império Turco-Otomano que foi aproveitada pelos franceses após invadirem a região em 1842. O Exército francês oferecia treinamento, uniformes, pagamento, nacionalidade francesa e um status social mais elevado entre os argelinos para quem fosse recrutado. Era comum que jovens rapazes de famílias afluentes se voluntariassem para participar do regimento dos *spahis* pelo prestígio social e também porque somente eles tinham os meios financeiros para arranjar a própria montaria, algo difícil de ser conseguido por homens de classes mais baixas. O escritor Robert Randau, amigo do casal na época que viveu em Ténès, cidade litorânea da Argélia, contou que Ehnni apresentava Eberhardt vestida em trajes árabes masculinos da seguinte forma: "Apresento a vocês Si Mahmoud Saadi, seu nome de guerra; na realidade, é Mme. Ehnni, minha esposa".[13]

Desse modo, a escritora viveu em uma espécie de entre lugar, sendo homem e mulher ao mesmo tempo. Algo parecido aconteceu com sua origem étnico-racial, indo de eslava e russa para árabe e muçulmana, uma identidade considerada inferior durante a expansão do colonialismo francês no Norte da África — de alguma forma, no final do século 19, os territórios russos eram então considerados mais "orientais" que europeus, como hoje, por sua proximidade ao Império Turco-Otomano, que também dominou por um tempo parte do que hoje se chama de Leste Europeu. Essa androginia e o fato de ser múltipla, sem se fixar em uma única identidade, marca a maneira fluida com que vivia. Essa fluidez também se reflete em seus escritos, principalmente nos seus diários e em suas cartas, em que ela intercambiava com bastante liberdade pronomes masculinos e femininos e assinava com vários nomes diferentes. De alguma forma, ela ainda hoje escapa às categorias de gênero — ainda que exista o conceito *gender fluid* (uma pessoa cuja identidade sexual é variável, que passa do masculino ao feminino ou até mesmo ao gênero neutro) —, recusando-se a ser fixada em um rótulo que abarque toda sua complexidade. Com ela, podemos refletir sobre outras formas de se experienciar as identidades de gênero e o contato com outras culturas.

Outro motivo para sua leitura é que o encantamento do mundo também vem ganhando destaque no Brasil. Pode-se pensar, nesse caso, no modo como os encantados, entidades ligadas à ancestralidade dos chamados povos e comunidades tradicionais, participam ativamente da luta pela terra nos conflitos fundiários no Brasil, unindo no mesmo âmbito as esferas política e espiritual, fortalecendo os movimentos de luta pelos direitos dessas populações historicamente oprimidas.[14] Ainda que o contexto em que Eberhardt viveu seja diferente do nosso, o elemento espiritual-religioso está muito presente na conformação política das sociedades do Magrebe. As confrarias sufis eram bastante influentes politicamente e seu poder convivia em paralelo com o dos governos coloniais, o da nobreza local e o de outras instâncias religiosas islâmicas.

A relação de Eberhardt com a ordem sufi Qadiriya lhe trouxe problemas com as autoridades francesas, que viam com desconfiança uma mulher europeia que se vestia como homem muçulmano convivendo com os árabes como se fosse um deles. Ao mesmo tempo, ela sobreviveu a um atentado contra a própria vida realizado por um seguidor de uma ordem sufi rival da

Qadiriya, mostrando o imbricamento entre religião e política e como os elementos espirituais podiam ser usados para fortalecer e enfraquecer movimentos de resistência contra opressores mais poderosos.

A vida e os escritos de Eberhardt enriquecem o debate sobre essas questões, semeiam mais perguntas do que respostas e abrem fissuras em discursos prontos, naturalizados socialmente, iluminando caminhos para que sejam forjadas novas zonas de contato.

Vagabundagem geográfica:
partir é o ato mais corajoso de todos

> *O eu no deserto se torna cada vez mais como o deserto.*
>
> Robyn Davidson[1]

Isabelle Wilhelmine-Marie Eberhardt nasceu em Genebra, em 1877, filha ilegítima de Nathalie de Moerder (Eberhardt era seu sobrenome de solteira), russa de origem prussiana, viúva do general Pavel Karlovitch de Moerder do Exército imperial do tsar russo, e de pai desconhecido. No entanto, a maioria dos biógrafos da viajante defende a hipótese de que seu pai seria Alexandre Trophimowsky, ex-padre ortodoxo russo de origem armênia, casado e com três filhos, que era amante de Nathalie de Moerder e tutor dos filhos dela. Pierre Arnoult, em seu livro *Rimbaud*, exagerou um pouco ao propor a teoria de que Eberhardt fosse filha ilegítima do poeta Arthur Rimbaud, baseando sua hipótese na semelhança física entre os dois e o destino comum das suas trajetórias de vida. O fato de ser filha de fora do casamento era um assunto bastante delicado para ela, o que a fazia contar histórias consideradas fantasiosas sobre sua origem paterna. Teria admitido a um amigo tunisiano que Trophimowsky era o seu verdadeiro pai, para depois "corrigir" essa versão ao dizer que ela tinha nascido de um estupro sofrido pela mãe por parte do médico dela, e que este teria falecido. Em uma carta ao editor de *La*

Petite Gironde, escreveu que o pai era um "súdito russo de fé muçulmana, e sua mãe uma russa católica".²

De qualquer forma, ela vivia em uma propriedade chamada de Villa Neuve, a quatro quilômetros de Genebra, de modo um tanto recluso, com a mãe, os quatro meios-irmãos (Nicolas, Nathalie, Wladimir e Augustin) e o tutor Trophimowsky, chamado pelas crianças de Vava. Ele criou e educou Isabelle e o irmão Augustin, alguns anos mais velho que ela e a quem era bastante ligada — a biógrafa Annette Kobak chega até a mencionar que havia suspeitas de uma relação incestuosa entre os irmãos. Simpatizante da causa anarquista, Trophimowsky lhe ensinou russo, francês, árabe clássico, alemão, latim, italiano e um pouco de inglês; pintura e desenho; e colocou-a em um regime de leituras intenso e eclético: Platão, Heráclito, Rousseau, Voltaire, Tolstói, Turguêniev, Émile Zola, Baudelaire e Paul Adam (mais tarde, ela veio a se encantar por autores orientalistas como Pierre Loti). O tutor também colocou em prática um tipo de formação que não priorizava as normas sociais burguesas nem a educação religiosa, incentivando Eberhardt a montar a cavalo e a fazer trabalhos manuais pesados, além de encorajá-la a vestir roupas masculinas, pois só assim ela poderia circular por Genebra com sua aprovação. Essa indumentária e suas características físicas faziam com que ela fosse frequentemente confundida com um menino.

Genebra na segunda metade do século 19 recebia muitos exilados políticos russos e turcos (os chamados Jovens Turcos). Considerados subversivos pelas autoridades locais, esses grupos sofriam uma vigilância acirrada. Trophimowsky foi alvo desse controle policial. Os suíços viam com suspeita imigrantes vindos do "Oriente", uma vez que a Rússia não era considerada um país pertencente ao "mundo civilizado" europeu. A própria Eberhardt chegou a se envolver com jovens estudantes russos de medicina que se opunham ao tsarismo e participou junto a imigrantes gregos de ações em prol da independência da Macedônia. O autor revolucionário Aleksandr Ivánovitch Herzen descreveu a atmosfera de Genebra como claustrofóbica, diante da quantidade de conspirações e intrigas existentes na cidade.

De alguma maneira, esse também era o ambiente da casa de Eberhardt devido à marcação cerrada de Trophimowsky e ao fato de Nathalie de Moerder estar sempre doente.[3] Por isso, desde criança, a escritora sonhava com horizontes mais amplos, principalmente com o Magrebe. O irmão mais velho, Nicolas, conseguiu fugir e se alistar na Legião Estrangeira, uma unidade militar que recebia recrutas de qualquer país dispostos a lutar pelas Forças Armadas da França e que contribuiu para a expansão colonial francesa; posteriormente, ele conseguiu voltar para a Rússia e obter parte da herança do pai, que acreditava ter morrido envenenado a mando de Trophimowsky. Sua irmã, Nathalie, desvencilhou-se das amarras de Villa Neuve ao se casar com um amigo de Nicolas, que tentou de todas as maneiras fazer com que Trophimowsky fosse preso pela polícia de Genebra. Wladimir, o tímido irmão do meio, contentava-se em ajudar o tutor a cuidar do jardim da propriedade, tendo uma predileção por cactos. Já Eberhardt projetava todos os seus sonhos literários e de viagem em Augustin, que não chegou exatamente a cumpri-los, ainda que tenha ido para o Norte da África depois de se alistar na Legião Estrangeira, seguindo o exemplo do irmão mais velho. Parece que Augustin ajudou Eberhardt a escrever seu primeiro conto publicado em uma revista, "Infernalia" (p. 247), sobre um jovem que se apaixona pelo cadáver de uma moça em um necrotério e com quem tem relações sexuais. Seu segundo texto publicado foi "Visões do Magrebe", e foi claramente inspirado nas cartas que Augustin lhe mandava da Argélia, para onde havia sido enviado.

Seu desejo de conhecer o Norte da África concretizou-se em 1897, quando ela convenceu sua mãe a acompanhá-la até Bône (hoje Annaba, na Argélia), incentivadas pelo casal Louis e Cécile David, amigos de Augustin, que tinham uma casa na cidade. Morando a princípio na área onde estavam os colonos franceses, Eberhardt e sua mãe logo se mudaram para a área árabe, pois queriam distância de qualquer aspecto que as lembrasse da Europa. Essa decisão causou espanto no casal David, com quem pararam de se relacionar. Bône, inclusive, era uma cidade costeira que reproduzia a mentalidade provinciana de pequenas vilas francesas. Aqui vale uma breve apresentação do contexto da cidade: Bône foi ocupada em 1832, dois anos após a invasão francesa na Argélia, tendo sido construídos amplos bulevares, hotéis elegantes, bancos, lojas, um prédio da prefeitura, uma praça rodeada por árvores e um teatro, copiando a arquitetura de cidades como Toulon e Marselha. A própria administração era uma reprodução da França, e Bône era gerenciada como uma subprefeitura, com um prefeito e funcionários franceses. Como o resto da Argélia, estava subordinada ao Ministério do Interior, e não ao Quai d'Orsay, como os protetorados da Tunísia e do Marrocos. O slogan "A Argélia é a França" (proferido pelo então ministro do Interior François Mitterrand em 1954, no início da guerra pela independência do país africano) já fincava raízes na mentalidade francesa desde aquela época.

Eberhardt procurava não fazer análises políticas mais amplas, mas era bastante crítica à colonização francesa, por ter testemunhado em primeira mão as desigualdades perpetradas pelas políticas coloniais. Tal como o turco Si Mahmoud Saadi de "Um outono no Sahel tunisiano" (p. 176), que estudou em escolas francesas, Eberhardt participou da delegação que ia de vilarejo em vilarejo para coletar o *medjba*, imposto que os homens muçulmanos da Tunísia deveriam pagar. Em "Lembranças do Sahel tunisiano", ela já opina sobre o aspecto "civilizatório" do governo colonial francês:

> Ao longo de minhas peregrinações na Tunísia, pude constatar mais uma vez o quão vazias são as belas frases sonoras com que a política reveste e justifica todas as suas ações tão interesseiras quanto egoístas.
>
> Na realidade, não é todo dia que se leem clichês como estes: "O trabalho civilizatório e pacificador da França na África", "Os benefícios da civilização oferecidos aos nativos de nossas colônias" etc. etc.
>
> É assim, incontestavelmente, que toda a França honesta apresenta sua missão nos países conquistados ou sob sua tutela, o que é exatamente a mesma coisa.
>
> Mas, ainda bem, não é assim que escuta a maioria daqueles que a Mãe Pátria envia para longe para serem instrumento desse trabalho fecundo com que ela sonha. (p. 112)

Ela reconhece, portanto, que a "missão civilizadora" francesa é algo que existe muito mais no discurso do que na prática. Mais para o fim da vida, bastante influenciada pela perspectiva política do general Lyautey, Eberhardt passou a defender uma visão alinhada à dele, menos militarmente ostensiva que a praticada na época. Assim, ela não se oporia à colonização se esta realmente trouxesse melhorias para a vida dos colonizados. Em "Choses du Sud oranais" [Coisas do Sul oranês], o seu texto mais claramente político, escrito a partir do que viu durante a guerra entre grupos muçulmanos rivais da Argélia e do Marrocos e bastante crítico ao governo do então sultão marroquino Abdelaziz, Eberhardt acredita que a França é o único poder capaz de pacificar e organizar a região, trazendo um desenvolvimento econômico "normal". Como os nômades eram os responsáveis pelas desordens locais, ela aconselha seguir as medidas do general Lyautey, responsável pela divisão de Aïn Sefra, que impôs o isolamento e a vigilância sobre os mercados do Saara, dos quais dependia a sobrevivência dos nômades. Sem esses mercados, os nômades, reduzidos à fome, não teriam outra opção a não ser se submeter ao poder colonial. Assim, "no lugar de inúmeras e complicadas operações militares, causando perdas colossais, de homens e dinheiro, haveria apenas algumas medidas policiais a serem tomadas, de forma rápida e relativamente barata".[4]

É por esse tipo de posição que até hoje Eberhardt causa sentimentos ambíguos na Argélia: ao mesmo tempo que é celebrada por ter, em geral, um posicionamento contra as opressões sofridas pelos argelinos durante o período colonial, ela também é descrita como alguém que colaborou com o colonialismo francês, trabalhando como agente para Lyautey. Em dezembro de 2015, o jornal argelino *Le Soir d'Algérie* relatou que o *wali* (governador) da província de Naâma encarregou a polícia de investigar um colóquio nacional sobre Isabelle Eberhardt, organizado pela associação cultural Safia Ketou de Aïn Sefra. Em meio a esses entraves, o colóquio acabou ocorrendo em meados de 2016. Em seu livro *Le Destin d'Isabelle Eberhardt en Algérie: Amour, mystique, espionnage et mort violente* [O destino de Isabelle Eberhardt na Argélia: amor, misticismo, espionagem e morte violenta], o autor Khelifa Benamara tentou ser "objetivo" ao apresentar os fatos relativos a esse lado da vida da viajante, mas pendeu para o lado de que ela praticava espionagem. Mohammed Rochd (ex-Jules Kempf), um dos principais pesquisadores sobre Eberhardt, saiu em defesa da escritora, iniciando um debate sobre a natureza das ações dela na imprensa argelina.

Rochd descreve Eberhardt como uma "magrebina por adoção" (nome também utilizado no seu *Isabelle, une maghrébine d'adoption*, enquanto a biógrafa Edmonde Charles-Roux afirma que ela é a primeira escritora magrebina de expressão francesa)[5] e observa que o outro em sua obra "não é mais o estrangeiro, mas simplesmente o outro, aquele com quem compartilhamos um certo número de valores comuns".[6] Para Rochd, "Eberhardt destacou a expropriação dos *fellahs*, seu empobrecimento inelutável (daí o envolvimento no Exército), a perda de notoriedade das elites, a ruína do artesanato, a marginalização da zauia (instituição de assistência e educação, segundo ela), o aumento do número de trabalhadores agrícolas, a natureza desumana do Código do Indigenato e a arbitrariedade dos birôs árabes".[7]

Apesar das controvérsias em torno do tema, as obras da escritora são muito importantes para a história do Saara argelino por trazerem importantes registros sobre essa região e suas populações na virada do século 19 para o 20. Ela até hoje dá nome a ruas em Orã e em Argel, sendo uma das poucas que não foi modificada após a independência. Mas, como disse Randau, a rua batizada com seu nome na capital argelina sai de um lugar habitado para se perder em terras vazias, sendo uma representação simbólica da forma como a sua terra escolhida mantém uma relação tensa e ambígua com sua memória.[8]

Foi em meio a esse contexto colonial que Eberhardt e sua mãe foram viver na Argélia — a jovem tinha planos de abrir na Tunísia uma escola muçulmana para meninas em que elas aprenderiam, entre outras coisas, a língua francesa. Ao se mudarem para a parte árabe de Bône, passaram a ter contato direto com a população local e se converteram ao Islã. É nesse momento que Eberhardt assume os trajes de Si Mahmoud Saadi. Sua rotina era voltada à contemplação, à leitura e à escrita. No entanto, essa tranquilidade logo chegou ao fim com a morte súbita da mãe, a quem chamava de "Espírito branco" em suas cartas e diários, advinda de uma complicação cardíaca, em 28 de novembro de 1897. Essa perda traumática fez com que escrevesse o conto "À la derive" [À deriva], em que o protagonista Mahmoud (sim, como a sua identidade muçulmana) sofre a perda da mulher amada, Djénina. "Não direi nada sobre minha desolação, não posso escrever sobre isso", explicou ela em carta de 13 de dezembro de 1897 ao amigo tunisiano Ali Abdul Wahab.[9]

Nos próximos três meses, Eberhardt esteve prostrada, isolada, sem escrever, só fazendo tarefas absolutamente necessárias e se deixando consolar pela ideia de se submeter aos caprichos do destino. Ao mesmo tempo, seu envolvimento com estudantes muçulmanos em Bône fez com que ela declarasse que, se houvesse alguma luta, ela não hesitaria — porque seria "covardia" — e ficaria ao lado dos revolucionários muçulmanos, do mesmo modo que fez com os anarquistas russos. "Mas com mais convicção e com um ódio mais real contra a opressão. Sinto que sou muito mais profundamente muçulmana do que fui anarquista", confessa.[10]

Depois desse período, ela retorna a Genebra onde encontra Trophimowsky com a saúde precária e seu meio-irmão Wladimir à beira da loucura, após ter sido intimado pela polícia a aparecer em um interrogatório em que encontrou Nicolas, o primogênito, que procurou forçá-lo a ir com ele para a Rússia. A débil situação financeira deles também agravava esse quadro. Foi nesse contexto que, em 13 de abril de 1898, Wladimir se suicidou por asfixia ao colocar a cabeça dentro de um forno a gás. Em um telegrama enviado a um casal que lhe ajudava a cultivar seu jardim, Trophimowsky descreveu assim o ocorrido: "Meu cactófilo morreu. Venham". O suicídio foi uma sombra constante na família. Em momentos de mais desespero, Eberhardt escrevia sobre como juntos, ela e Slimène Ehnni, poriam fim à própria vida no deserto. Augustin, o irmão preferido da escritora, se suicidou em Marselha, em 1920, e anos depois, a filha dele, Hélène Nathalie, também tirou a própria vida.

Na época em Genebra, Eberhardt recebeu a proposta de casamento de um conhecido chamado Ahmed Rachid (ou Archavir, o seu nome original armênio), que trabalhava como secretário da Embaixada Imperial Otomana em Paris. No começo, ela estava animada com a perspectiva de se unir a ele em algum posto do Norte da África, mas a relação esfriou quando ela soube que ele seria transferido para Haia, na Holanda. Ao mesmo tempo, sentia que o casamento limitaria o que ela considerava seu bem mais precioso: sua independência. Rachid até chegou a conseguir a aprovação de Trophimowsky para se casar com Eberhardt, mas ela acabou recusando a proposta, deixando o rapaz desconsolado. Em novembro de 1898, Augustin retornou a Villa Neuve para ajudar a irmã a cuidar de um Trophimowsky cada vez mais doente. Nessa época, ela também se aproximou ainda mais de Vera Popow, uma estudante russa de medicina que pretendia prestar assistência aos doentes dos campos da Sibéria. Ela foi uma das poucas mulheres amigas de Eberhardt, tendo inspirado a personagem Véra do seu romance inacabado *Trimadeur*, sendo representada pela primeira paixão do protagonista.

Naquele ano, a viajante também se concentrou em escrever a novela *Rakhil*, que seria "um apelo em favor do Corão e contra os preconceitos do mundo muçulmano moderno", centrado na história de amor ambientada em Bône entre a prostituta judia Rakhil e Mahmoud, o muçulmano educado em Paris (não é mera coincidência que Eberhardt usa o prenome da sua identidade muçulmana em vários dos personagens das suas ficções). O tema da obra seria a corrupção de uma cultura antiga pelas ideias sofisticadas, mas vazias da modernidade. Eberhardt tentou reescrever essa novela várias vezes até junho de 1900, quando desistiu do projeto, considerando-o "um aglomerado infame de documentos policiais mal editado". "Não há dúvida de que o meu livro produz o mesmo efeito em mim nesse momento que em seus leitores, ninguém irá além da segunda página", resumiu.[11] Posteriormente, ela publicou duas versões encurtadas da novela sob o título "O feiticeiro" (p. 250), sendo que assinou a segunda delas como Isabelle Ehnni, raro momento em que adotou o sobrenome do marido. A novela ganhou posteriormente um final escrito por Victor Barrucand.

Após meses convalescendo, Trophimowsky morreu em 15 de maio de 1899 — algumas más línguas dizem, inclusive, que pelas mãos de Eberhardt, que teria dado a quantidade errada de remédio para o tutor, envenenando-o. Isso porque, após a morte, ela e Augustin tentaram obter para si os direitos sobre Villa Neuve, cuja venda poderia ajudar a resolver seus problemas financeiros. No entanto, os filhos de Trophimowsky, abandonados por ele na Rússia, exigiram a propriedade. Eberhardt, então, deixou uma procuração com Augustin, tornando-o seu representante legal, e este deixou o imbróglio nas mãos do advogado aproveitador M. Samuel. Anos depois, quando a propriedade foi vendida, a alta comissão cobrada pelo advogado fez cair por terra os planos de Eberhardt de ter uma vida mais confortável na Argélia.

Depois da morte da mãe, do tutor e de Wladimir, e do afastamento gradual de Augustin, que culminou com o casamento dele em Marselha com Hélène Long — que ela detestava e chamava de "operária Jeannie" —, Eberhardt estava completamente à deriva. Nessa toada, ela viajou para Cagliari, na Sardenha, com seu amante Abdelaziz Osman e começou a escrever um diário. É de 1º de janeiro de 1900 essa conhecida passagem que inicia os seus registros pessoais:

Estou sozinho, sentado diante da imensidão cinza do mar murmurante... Estou *sozinho*... sozinho como sempre estive em todos os lugares, como estarei sempre atravessando o grande Universo sedutor e decepcionante... *sozinho*, e atrás de mim todo um mundo de esperanças perdidas, de ilusões mortas e lembranças a cada dia mais e mais distantes, quase irreais.

Estou sozinho, e sonho... (p. 132)

Parece que Eberhardt teve que perder todas as pessoas importantes da sua vida para conseguir cortar de vez os laços que tinha com a Europa e seguir sua vocação para a vagabundagem. Nesse trecho, também já se nota o uso do pronome masculino em detrimento do feminino para se referir a si mesma. É nesse cenário que ela viaja para a Tunísia, iniciando o processo de enraizamento no Magrebe que vai marcar sua vida dali por diante e do seu renascimento como Si Mahmoud Saadi. Ela viaja a cavalo pelo interior do país, acompanhando coletores de impostos, se aproximando da realidade local e chamando a atenção das autoridades coloniais. Foi nessa viagem que ela conheceu El Oued, a "cidade das mil cúpulas" do deserto argelino, onde adquiriu o seu amado cavalo Souf e conheceu o *spahi* Slimène Ehnni, com quem decidiu dividir sua vida. Foi também nessa época que se iniciou na ordem sufi Qadiriya, tornando-se amiga e confidente do chefe religioso Sidi Lachmi ben Brahim.

O envolvimento de Ehnni com Eberhardt prejudicou a carreira militar dele. As autoridades locais se incomodavam com o estilo de vida da sua companheira, tendo sido alvo de denúncias anônimas, em que foi acusada de ser uma "mulher de moral duvidosa"; de espionar "todos os movimentos dos oficiais dos birôs árabes" para um jornal de Paris, para ajudar uma campanha difamatória na imprensa contra esse órgão administrativo;[12] de se valer de sua relação com Slimène para conseguir informações; e de já ter uma má reputação com as autoridades suíças e russas e incentivar o ódio dos muçulmanos contra os franceses.[13] Por causa disso, várias pessoas em cargos militares defendiam a sua expulsão da região.

Ela também incomodava outras confrarias sufis por conta de sua relação próxima com os qadiris. Provavelmente, por causa disso, aconteceu uma das situações mais inusitadas da sua vida. Em 29 de janeiro de 1901, em Béhima, cidade próxima a El Oued, enquanto traduzia documentos oficiais para um jovem comerciante de Guémar, ela foi vítima de um atentado. O membro da confraria Tidjaniya Abdallah ben Si Mohammed ben Lakhdar tentou matá-la com um sabre, mas acabou sendo impedido de acertar o golpe fatal por uma corda que estava na frente dela. Assim, ele acertou a cabeça e o braço esquerdo da escritora, cujo ombro ficou em estado grave. Ela foi levada para El Oued, onde ficou hospitalizada até 25 de fevereiro. Eberhardt recordou o ocorrido em carta enviada ao jornal *La Dépêche Algérienne*, publicada em 6 de junho de 1901:

> Estava de cabeça baixa e com o capuz do meu *burnous* dobrado sobre o turbante, o que me impedia de ver à frente. De repente, recebi na cabeça um golpe violento, seguido por mais dois no braço esquerdo. Eu levantei minha cabeça e vi diante de mim um indivíduo malvestido, estranho a todos, que brandia uma arma que eu tomei por um bastão. Levantei-me abruptamente e corri para a parede oposta para segurar a espada de Si Hachemi. Mas o primeiro golpe acertou o topo da minha cabeça e me deixou tonto. Eu caí em cima de um baú, sentindo uma dor violenta no braço esquerdo. O assassino, desarmado por um jovem *mokhadem* dos Quadryas... e um criado de Si Hachemi, chamado Saad, conseguiu se libertar. Vi o homem se aproximar de mim, levantei-me e quis me armar de novo, mas a tontura e a dor aguda em meu braço me

impediram de fazer isso. O homem se jogou na multidão gritando: "Vou pegar uma arma para acabar com ele". Saad me trouxe então um sabre árabe de ferro ensanguentado e me disse: "Olhe com o que esse cachorro te golpeou".[14]

No hospital, passava os dias deitada e conversando com o médico que a operou. Depois desse atentado, Eberhardt passou por uma mudança interior que pode ser vista em seus diários. O fato de ter sobrevivido a um atentado tão bizarro fez com que, de repente, sua vida ganhasse um sentido, e esse sentido tinha a ver com uma espécie de iluminação religiosa. Ela passou, então, a declarar apenas para si e para Slimène seus objetivos religiosos mais profundos, que serão abordados com detalhes no capítulo seguinte. Nessa visão também ela devia seguir o caminho da compaixão, em especial com o autor da tentativa de crime.

Abdallah foi logo preso e interrogado. Enquanto isso, Eberhardt, após se recuperar um pouco dos golpes, foi "aconselhada" pelas autoridades a sair da Argélia para sua "própria segurança" — uma forma de forçá-la a partir do Norte da África sem a necessidade de expedir um pedido oficial de expulsão. Em meados de maio, ela chegou a Marselha, onde ficou hospedada na casa do irmão, com a mulher e a filha recém-nascida deles, Hélène Nathalie. Como o atentado não foi noticiado na imprensa argelina, ela enviou cartas a jornais explicando a situação e exigindo justiça, o que atraiu a atenção da imprensa da metrópole e da Argélia. Foi nessa época que Victor Barrucand, ainda jornalista, entrou em contato com ela e passou a defendê-la publicamente.

Em junho, ela voltou para a Argélia para testemunhar no julgamento de Abdallah, na cidade argelina de Constantina. A sentença final condenou-o a uma vida inteira de trabalhos forçados, pena esta reduzida para vinte anos, depois que Eberhardt intercedeu oficialmente por ele, anunciando que havia perdoado Abdallah e que sentia a dor de sua mulher e seus filhos. Ela também afirmou que os verdadeiros responsáveis pelo atentado não haviam sido presos, pois acreditava que o chefe da ordem Tidjaniya junto a autoridades francesas haviam se unido em um complô para acabar com sua vida.

Logo em seguida ao julgamento, foi expedida uma ordem de expulsão contra Eberhardt (e o próprio Abdallah se pronunciou a favor da mulher que ele tentou assassinar), que não podia mais botar os pés em nenhum território francês do Norte da África, sob a justificativa de que ela estimulava o sentimento antifrancês na Argélia — o que negou veementemente em carta publicada no *La Dépêche Algerienne*: "Nunca participei ou tive conhecimento de qualquer ação antifrancesa, tanto no Saara quanto no Tell [...]. Sempre falei bem dos franceses para a população local, não importa onde eu estivesse. É o país de minha adoção".[15]

Revoltada, mas resignada, voltou para Marselha e tentou a todo custo encontrar uma forma de retornar à terra da sua predileção e de ficar junto de Ehnni, que conseguiu uma autorização para mudar de regimento e encontrá-la na França. Nesse meio-tempo, Eberhardt obteve uma autorização oficial para se casar com Ehnni. O casamento aconteceu em 17 de outubro de 1901, em Marselha. Como Ehnni tinha cidadania francesa, Eberhardt automaticamente ganhou o direito a essa nacionalidade, permitindo que ela retornasse para qualquer território francês na África.

Foi o que o casal fez no começo de 1902, quando ficou um tempo em Bône com a família de Ehnni. Depois, eles se mudaram para Argel e, em seguida, Ténès, uma cidade litorânea argelina onde o marido assumiu um posto de *khodja*. Nessa localidade provinciana, Eberhardt viu-se envolvida à sua revelia nas intrigas partidárias locais, e, por causa disso, viveu entre Ténès e Argel, onde foi convidada por Barrucand a colaborar como jornalista para o *Al Akhbar*. Foi em Ténès que ela ficou amiga do escritor Robert Randau, o qual fez um retrato interessante da autora nesse período:

> Isabelle falava devagar, como se procurasse as palavras, com o sotaque nasal mais desagradável e monótono do mundo; ela acendia cigarro após cigarro e, à moda do irmão Jehan des Entommeures, soltava pequenos palavrões como o Nome de Deus em cada frase. Ria prontamente de todas as dívidas e não mostrava exuberância; seu gesto familiar com a mão direita era levar o cigarro à boca; a outra mão permanecia apoiada em um joelho. Seu comportamento sempre foi digno, até grave; ela não tinha, devo acrescentar, apelo sexual.[16]

No ano seguinte, a relação entre ela e Ehnni pareceu ter esfriado, tanto que ele se demitiu de Ténès para se instalar em Setif, enquanto ela se mudou para Argel. Em setembro de 1903, ela partiu como correspondente de guerra — uma das primeiras mulheres a ser encarregada de tal função — para cobrir os combates no sudoeste argelino entre grupos nômades rivais na fronteira da Argélia com o Marrocos, que acabou tendo também participação do Exército francês. Ela, então, se estabeleceu em Aïn Sefra, a sede francesa no sudoeste de Orã. Lá, conheceu o general Hubert Lyautey, que tinha sido nomeado para controlar as comunidades rebeldes da fronteira entre Argélia e Marrocos e para fortalecer a posição francesa nas negociações com o sultão marroquino. O general logo percebeu que o conhecimento de Eberhardt das comunidades locais e do árabe dialetal poderia torná-la uma informante para o Exército francês. Ele sugeriu que ela se dirigisse à zauia de Kenadsa,[17] um centro político-religioso de extrema importância para as populações locais (essa estadia junto à cobertura da guerra é descrita por ela nas duas partes de *Sud oranais*). Eberhardt aceitou a sugestão de Lyautey de iniciar os seus contatos nesse local, uma vez que ela era uma das poucas europeias que poderia realizar essa missão em um lugar ainda pouco conhecido dos europeus.

Após uns meses em Kenadsa, a saúde de Eberhardt foi se tornando precária e, em meio a crises de febre, voltou para Aïn Sefra. No mesmo dia em que saiu do hospital, Ehnni chegou à cidade para encontrá-la em casa. Apesar de ter sobrevivido a um atentado e a várias crises de febre, ela teve uma morte tragicamente poética: afogada no deserto. Subitamente, uma inundação vinda do degelo dos picos nevados das montanhas do entorno atingiu as partes mais baixas de Aïn Sefra, onde se situava a casa de Eberhardt, que morreu afogada aos 27 anos, em 21 de outubro em 1904. Ehnni, que estava na casa com ela e conseguiu sobreviver, deu o seguinte depoimento antes de descobrirem que a escritora tinha perecido na inundação:

> Estávamos na varanda do meu quarto no primeiro andar. De repente, houve um estrondo, como uma procissão de vagões, que se aproximava. As pessoas corriam, gritando: "o *wadi*! o *wadi*!" [o vale! o vale!] Eu não entendi. O clima estava ameno. Não havia chuva, nenhuma tempestade. Em um minuto, a água desceu até o leito do rio, que subiu como uma parede, correndo como um cavalo a galope, com ao menos dois metros de altura, levando árvores, móveis, corpos de animais e de pessoas. Eu percebi o perigo e fugimos. A torrente nos pegou nessa hora. Como eu sobrevivi? Não tenho ideia. Minha mulher foi levada pela correnteza.[18]

Com base nesse depoimento e uma vez que as buscas realizadas no leito do rio se mostraram infrutíferas, a equipe de resgate procurou pelo corpo de Eberhardt em sua própria casa, uma cabana de dois andares. Nenhuma das construções dessa área havia sido destruída, e eles tiveram que forçar para abrir a porta do local, pois pilhas de pedras e de lama obstruíam a passagem. Os oficiais da equipe encontraram um par de pés debaixo da escada estreita que levava ao segundo andar. Livrando-se das pedras e vigas que estavam no caminho, encontraram o corpo de Eberhardt, com as pernas curvadas, vestida como um "cavaleiro árabe". Segundo um dos homens que participou do resgate, ela deveria estar no primeiro andar quando a inundação se aproximou e, para tentar se salvar, desceu para o térreo para sair pela porta. No entanto, as águas foram mais fortes que ela, que ainda estava muito fraca e se recuperando da enfermidade. Teria sido atirada à parede, provavelmente inconsciente, e morrido afogada. Outro oficial comentou que a encontraram com os braços enlaçados atrás da cabeça, em um gesto instintivo de defesa.[19]

O general Lyautey logo assumiu os arranjos do enterro, organizando um ritual fúnebre muçulmano no cemitério de Sidi-bou-Djemâa. O corpo dela foi enrolado em um tecido branco, carregado em uma maca até o seu local de descanso e colocado em direção ao Sol, enquanto um grupo de muçulmanos em semicírculo entoava uma última prece. Ehnni não participou do funeral, tendo partido logo depois da inundação; ele morreu de tuberculose na noite de 14 para 15 de abril de 1907, e pouco se soube a respeito dele depois da morte da esposa. Lyautey, apaixonado, passou, então, a buscar pelos manuscritos de Eberhardt. O que seus oficiais conseguiram reunir, ele entregou a Victor Barrucand, que passou a se apropriar da obra da amiga, tema que será esclarecido no quarto capítulo.

Vagabundagem identitária:
a encarnação do que há de melhor em mim

> *Ela não tinha, ao que parece, nenhuma dificuldade em representar os diferentes papéis, pois mudava de sexo com muito mais frequência do que conseguem imaginar as pessoas que usavam apenas um tipo de roupa.*
>
> Virginia Woolf, *Orlando*[1]

Na primeira entrada do seu diário, em 1º de janeiro de 1900, ao escrever de Cagliari, na Sardenha, Isabelle Eberhardt revelou:

> Neste instante, como aliás em todas as horas da minha vida, tenho apenas um desejo: vestir o mais rápido possível a personalidade amada que é, na realidade, a *verdadeira*, e retornar para lá, na África, retomar essa vida... [...] ser livre e sem restrições, provisoriamente instalado na vida, esse grande deserto onde nunca serei algo além de estrangeiro e intruso... (p. 134)

Esse trecho do diário é assinado como Mahmoud Essadi e mantém o uso de pronomes masculinos para se referir a si. Alguns meses depois, em 27 de junho de 1900, em Genebra, ela escreveu que gostaria de "Viver uma existência dupla, aquela frequentemente aventureira do deserto, e aquela, calma e doce, do pensamento, longe de tudo que possa interferir nele".[2]

Contudo, Mahmoud Saadi não foi a primeira personalidade masculina encarnada pela autora, que também chegou a assinar parte de sua correspondência com outros nomes femininos: "Nadia", quando se correspondia com Eugène Letord (considerado o único europeu por quem ela se sentiu realmente atraída) e "Myriem", "Mariem" ou "Meriem", formas arabizadas de Marie, seu segundo nome, principalmente quando trocava cartas com o irmão Augustin. Sob a indumentária do operário Pierre Mouchet, Eberhardt fez bicos como estivador no porto de Marselha, no período em que foi expulsa da Argélia pelo governo francês. Foi também sob a pele de Mouchet que viajou de navio para a cidade argelina de Constantina a fim de testemunhar no julgamento de Abdallah ben Mohammed ben Lakhdar.

Inclusive, antes de Mahmoud aparecer, ela assinou seus primeiros contos publicados em revistas literárias como Nicolas Podolinsky, um jovem filho de russos emigrados. O editor Henri Rainaldy ficou tão confuso com relação à identidade dela que endereçava suas cartas a Mlle. I. P. De Moerder, Madame Isabelle de Moerder, Monsieur Podolinsky e Mlle. N. Podolinsky.[3] O editor da revista *L'Athénée*, J. Bonneval, com quem Eberhardt manteve correspondência longeva, escreveu uma carta datada de janeiro de 1897, dirigindo-se a ela como "Mademoiselle e *confrère*", em que admitiu:

> Logo esqueço ao ler suas cartas se você é uma garota ou um menino. Se não fosse por sua caligrafia feminina, acreditaria mais facilmente na última suposição. De qualquer modo, isso prova que você tem uma virilidade incomum, ainda que moderada pelos seus sentimentos e suas aspirações. Não seja completamente masculina, porque uma mulher superior é superior a qualquer colega homem. Em você como mulher há algumas qualidades excepcionais, mas elas não seriam mais tão atraentes e notáveis se você se aproximasse demais dessa outra parte da espécie humana que é o egoísmo personificado.[4]

Ao tentar elogiar Eberhardt pelas suas "características viris", Bonneval revelou a misoginia da sociedade burguesa em que a escritora nasceu. Não era à toa que ela preferisse assinar seus textos com um pseudônimo masculino, pois essa era uma forma de, no mínimo, ser levada a sério no mercado editorial da época — no entanto, há de se notar que a prática ainda é adotada por autoras hoje.[5]

Ela também assumiu essa personalidade ao se corresponder com um marinheiro chamado Edoardo Vivicorsi, quando estava atrás de informações sobre o paradeiro do irmão Augustin, que havia desaparecido da Legião Estrangeira. Vivicorsi se afeiçoou bastante a Podolinsky e ficou bastante decepcionado quando conheceu o amigo em carne e osso, sentindo-se enganado pelo fato de ter se correspondido com uma mulher. Parece que Eberhardt gostava de causar esse tipo de confusão, pois na juventude chegou a enviar cartas provocativas com pseudônimos para um oficial grego chamado Christos Christidis. Ele não gostou nem um pouco e respondeu com a seguinte mensagem: "Eu não sabia e até agora não sei com que tipo de pessoa estou lidando, qual o seu verdadeiro nome e qual o sexo e a nacionalidade dele ou dela. Enquanto isso, não tenho tempo para escrever para pessoas desconhecidas que se escondem atrás de vários pseudônimos". Essa ambiguidade, no entanto, era vista como algo excitante por outros homens, por exemplo, o farmacêutico casado Charles Schwarz, que trocou beijos com Eberhardt vestida com trajes de marinheiro em sua loja.[6]

Na visão da biógrafa Edmonde Charles-Roux, a escritora "ia de ficção em ficção, e o sentimento de ser um outro se tornou seu elemento natural. Ela passou assim a sua juventude, protegida por falsas identidades, vivendo como se vidas e pseudônimos fossem a melhor defesa possível contra a angústia do amanhã".[7] Para a biógrafa, o travestimento de Eberhardt não passava de uma "afetação", uma vez que ela chegou a usar pseudônimos árabes femininos em poucos escritos. Já de acordo com Kobak, a confusão identitária da escritora era mais do que uma fase adolescente. Em parte, era algo circunstancial, uma vez que o seu sobrenome — o do seu avô materno, que era da sua mãe antes do casamento, tornando-a "irmã de minha mãe" —[8] não lhe proporcionava nenhuma identidade reconhecida socialmente, mas seria sim uma espécie de disfarce para esconder uma relação ilícita. O fato de ter crescido entre anarquistas, em um meio onde era comum a existência de nomes de guerra e disfarces por questões de sobrevivência, pode ter naturalizado esse procedimento. A fluidez com que se relacionava com seu gênero também foi estabelecida desde a infância, por não ter sido incentivada a usar roupas tipicamente de mulher.[9]

A viajante comentava que foi "criada como um menino" pelo seu tutor Alexandre Trophimowsky, que só a deixava sair de casa e circular por Genebra vestida com roupas de homem e com cabelo curto. Ela tinha bastante apreço pelo uniforme de marinheiro, tanto que pediu para ser fotografada com esse vestuário — e com um chapéu escrito "Vengeance" (vingança, em francês, p. 6) — no estúdio de Louis David, que era fotógrafo. Foi essa imagem que ela entregou a amigos e enviou ao xeque Abou Naddara (pseudônimo de James Sanua), escritor egípcio exilado em Paris com quem se correspondia. Nessas cartas, ela se apresentava como Nicolas Podolinsky, jovem russo que havia se convertido ao Islã e que, após a conversão, adotara o nome Si Mahmoud. Ao ver essa foto na casa de Naddara, o tunisiano Ali Abdul Wahab ficou intrigado com o jovem Podolinsky. A partir daí, Wahab e Eberhardt passaram a trocar cartas em que debatiam questões islâmicas. O encontro dos dois foi mais feliz que o com Vivicorsi. Ele se deu na Argélia, em

1897, quando Eberhardt estava em Bône com sua mãe. Wahab relembrou o momento assim:

> Eu não vou tentar descrever meu espanto no cais quando, em vez de cumprimentar Mahmoud, eu me vi na presença de uma jovem garota, elegantemente vestida, a quem cumprimentei com o maior respeito. Ele me olhou de cima a baixo, balançou a cabeça, sorriu e disse com muita franqueza, com um ar debochado: "Do que eu ouvi sobre você nunca pensaria que você fosse capaz de ter tanto respeito pelo preconceito". Ao mesmo tempo, demorou para que eu me acostumasse à ideia de que essa garota jovem e bonita abriria mão das prerrogativas mais gentis do seu sexo com o intuito de procurar aventuras que teriam intimidado os homens mais ousados.[10]

Após o choque inicial, eles continuaram a se corresponder e Wahab passou a alimentar uma paixão explícita por Eberhardt, nunca correspondida.

Em uma das cartas que ela escreveu em novembro de 1898, explicou a ele que "nunca mais vai encontrar a Mériem" que conhecera em Bône, e que agora aquele que vivia ali, em Genebra, era Podolinsky, "ou seja, a encarnação do que há de melhor em mim".[11] Foi nessa época que Podolinsky passou a ser sobreposto por Mahmoud Saadi. A escolha desse nome faz pensar: Mahmoud é uma forma de Mohammed, o nome do Profeta do Islã, e Saadi significa feliz, além de ser o nome de Saadi Shirazi (1210-?), conhecido poeta sufi persa, autor de *Gulistan*. Eberhardt não só usava as vestimentas locais e residia no bairro árabe, como também havia aprendido a falar a língua. Seu tutor a havia ensinado árabe clássico a partir da leitura do Corão, e ela deu continuidade a essas lições de forma autodidata em Genebra. Na Argélia, logo aprendeu o árabe coloquial das ruas, tendo tido aulas com professores locais — chegou a ter uma breve relação abusiva com um deles, chamado por ela de Khoudjia, que significa professor, pois ele queria que ela ficasse confinada em casa "como uma mulher árabe", enquanto Eberhardt se recusava a ter a liberdade confiscada.[12]

Quando foi morar em Túnis, ficou conhecida no bairro como o "jovem rapaz com o cachorro", pois passeava com seu cão Dédalo. Ela preferia se vestir com a "roupa igualitária" dos beduínos e com as elegantes indumentárias tunisianas. Vestia *burnous* por cima de uma fina *gandoura* de seda, sob a qual ficava uma camisa azul-clara de manga comprida e um colete, amarrado com um cinto de tiras verdes e vermelhas. As calças eram largas, as meias, brancas, e os sapatos, amarelos. Sua cabeça estava então completamente raspada, e ela usava um fez com franjas.[13]

Por vezes, divertia-se com as confusões que sua identidade causava. Por exemplo, como se vê nessa passagem de "Hadjerath M'Guil", quando ela foi parada na cidade de Oued-Dermel por um funcionário colonial: "O oficial de serviço, um capitão da legião, me olha, estupefato. Ele não consegue entender de jeito nenhum a relação entre minha carteira de jornalista mulher e o jovem árabe que a porta" (p. 116). Esse modo de vida era mais um motivo de incômodo para as autoridades locais, que viam com desconfiança uma mulher europeia assumir uma identidade muçulmana, conviver com os árabes e — pior! — morar com um deles como sua amante. Tanto que ela passou a ser vigiada e, em Ténès, onde se registrou como Si Mahmoud, confundindo a todos que a olhavam, chegou a ser insultada pelos colonos franceses na imprensa local. Quando foi a Paris em meados de 1900 tentar financiamento para suas explorações no Magrebe, a viajante russa Lidia Pachkov (1845-?), com quem se correspondia, aconselhou-a a andar com roupas árabes e se apresentar como Mahmoud Saadi, para atrair interesse de possíveis patrocinadores pelo caráter exótico da situação.

O atentado contra a sua vida também parece ter sido provocado pelo seu travestimento, segundo depoimento de Abdallah, que também afirmou considerar Eberhardt como amante do *marabout* Si El Hachmi, da ordem Qadiriya, da qual ela fazia parte. Só pelo fato de ser mulher, Eberhardt foi sempre acusada de ter tido algum tipo de relacionamento sexual com os homens com quem tinha certa proximidade. Fosse o *marabout* Si El Hachmi, o editor Victor Barrucand, ou o general Lyautey. Sobre o último, inclusive, um subordinado, oficial alemão que ajudou a recuperar o corpo de Eberhardt dos escombros da sua casa, atestou que dificilmente Lyautey tivera um caso com ela, uma vez que era comum vê-lo acompanhado de prostitutas e que a viajante, na sua opinião, não era "sexualmente atraente". O relato, no entanto, evidencia as suas próprias predileções sexuais baseadas em padrões normativos de beleza, mais do que os sentimentos do general. Outro amigo dela, Robert Randau, deixou claro, em seu livro *Isabelle Eberhardt: Notes et souvenirs* [Notas e memórias], que não sentia nenhuma atração sexual por ela — ao mesmo tempo, declarou que ela lhe havia confidenciado: "Sou muito mais mulher do que você imagina".[14] O que quer que isso signifique, fato é que alguns autores exploraram de modo sensacionalista a vida sexualmente ativa da viajante, definindo-a em termos moralistas como "promíscua" — o que lembra os insultos de "depravada" e "devassa" que ela recebia em sua época —, e lançando um olhar exotizante pela sua predileção por se relacionar com homens de origem "oriental", fossem árabes, armênios ou turcos.

Voltando ao julgamento, no tribunal, o advogado de Abdallah procurou jogar a culpa do atentado na "audácia" de Eberhardt em andar por aí com roupas masculinas, pois ela não teria o "direito à aventura, à liberdade, às ousadias e às ambições dos homens" — essa tentativa de culpar a vítima é algo que, diga-se de passagem, continua bastante atual. O advogado perguntou a ela: "Diga-nos: o uso de trajes masculinos por uma mulher é considerado um insulto na religião muçulmana?". "É considerado uma simples inconveniência", respondeu a escritora. "Então, por que você os usa?", pressionou ele. "Eu monto a cavalo. É mais confortável", justificou.[15] Diante disso, não é de se espantar que a escolha do tipo de vestimenta que usaria no tribunal tenha se tornado uma questão importante com a qual ela debateu intensamente em correspondência com Slimène Ehnni. Eberhardt tinha quatro opções: vestir-se com roupas europeias de homem, roupas europeias de mulher, roupas árabes de homem ou de mulher. Slimène queria que ela aparecesse vestida com trajes europeus de mulher, o que irritou Eberhardt, não só por uma questão de conforto, mas também pelo custo financeiro desse tipo de roupa.

A escritora sempre viveu no limiar da pobreza e, naquele momento em que estava morando com seu irmão Augustin, em Marselha, ela procurava trabalho vestida como Pierre Mouchet, principalmente por não ter dinheiro para comprar roupas femininas apropriadas para buscar outro tipo de trabalho. Para se trajar adequadamente, ela teria que comprar uma peruca (ela já raspava todo o cabelo fazia um tempo), o que lhe custaria de quinze a vinte francos, pois uma trança não bastaria para cobrir por inteiro uma cabeça como a dela. Além disso, ela teria que gastar com chapéu, tecido de linho, espartilho, anáguas, meias, sapatos, luvas etc. "Os dois corpetes foram vendidos, aliás, não havia como usar vestidos pesados de inverno no verão e principalmente na Argélia: primeiro porque é uma tortura, depois, é *ridículo* demais", escreveu ela. "Você não pode *de forma alguma* comprar enfeites europeus, porque você não tem ideia de quanto custa e eu te proíbo *terminantemente* de contrair um centavo de dívida".[16]

Ela cedeu, contudo, em não se vestir de árabe, ou à "*Mauresque*" (mourisca), como Ehnni desejava, para evitar ser incomodada pelas autoridades. "Eu me vestirei então como um europeu, pois já estou convenientemente equipada agora para tal. Eu te juro por Djilani[17] que não é pelo prazer de me vestir como homem,[18] mas porque é IMPOSSÍVEL fazer de outra forma [...]. Já tenho bastante roupa europeia de verão, assim como sapatos razoáveis."[19] Mais para frente, ela disse que faria a viagem até Constantina, a cidade argelina onde aconteceu o julgamento, vestida como homem europeu, e quando chegasse ao local, ela poderia se vestir "à mourisca" para "agradar" ao marido — Slimène ficava excitado com o fato de Eberhardt vestir roupas de homem e ser independente.[20] "Acredite em mim, a roupa mais apropriada, a que menos chama a atenção, é naturalmente a de homem *europeu*, e é ela que me cai melhor", escreveu ela.[21] Ao final, Eberhardt acabou comparecendo ao tribunal vestida com roupas de mulher árabe — uma decisão acertada diante da natureza do interrogatório que se seguiu sobre o seu travestimento.

No que diz respeito ao casamento, o tema da identidade de gênero era constante em sua relação com Ehnni. De início, porque foi como Mahmoud que ela conheceu o amor da sua vida. Ainda que o editor J. Bonneval tenha lhe dito que, com os seus gostos intelectuais, seria difícil encontrar a alma gêmea em um homem,[22] Eberhardt falava de modo positivo sobre o casamento:

> Em um mundo moderno falso e hipócrita, em geral no casamento o marido nunca é o iniciador sensual. Incrivelmente, estupidamente, a vida da jovem está ligada ao marido, uma personalidade que, no fim das contas, é ridícula. A ele pertence a virgindade material da mulher. Então, na maioria das vezes com nojo, ela tem que passar a vida com ele, em meio à escuridão, à degradação e a mentiras [...] e é assim que o nosso casamento difere tanto dos outros e

indigna tanto os burgueses: para mim, Slimène é duas coisas — e sabe instintivamente fazê-las bem — o amante e o camarada.²³

Até mesmo antes de conseguir a licença para se casar, ela deixou claro para Slimène em uma carta que "sim, eu sou sua esposa diante de Deus e do Islã. Mas não sou uma Fátima vulgar. Sou também seu irmão Mahmoud, o servo de Deus e Djilani antes de ser o servo que é uma esposa árabe para seu marido [...] E eu não quero, você me ouça, que você se mostre indigno dos lindos sonhos que eu tenho para nós dois, e dos quais eu só te contei uma parte".²⁴ Os termos estavam postos. Eberhardt nunca escondeu seu travestimento, e Slimène Ehnni aceitou os hábitos da esposa até certo ponto, pois, quando se mudaram de Marselha para a Argélia, o casal passou a ter problemas. Ehnni se incomodava com a liberdade com que Eberhardt se movimentava, e ela pode ter ficado decepcionada pelo fato de o marido se refugiar no álcool e não corresponder às altas expectativas que tinha para a carreira dele. Parece que, enquanto Eberhardt cobria a guerra na fronteira com o Marrocos para o jornal *Al Akhbar*, Ehnni arranjou uma nova amante, o que selaria de vez o casamento (alguns autores também afirmaram que Eberhardt também se envolveu na época com outros homens). Especula-se que ele teria ido até Aïn Sefra para conversar com a viajante justamente sobre isso.

Hedi Abdel-Jouad afirma que foi no disfarce que Eberhardt conseguiu uma forma de escapar do "papel" da mulher associada à vida doméstica, e, assim, ela "desterritorializou" a si mesma ao assumir uma série de nomes e identidades masculinos, refletindo a ambiguidade do seu caráter. Em carta ao editor do *La Petite Gironde*, ela reivindicou seu travestismo como atrelado à sua infância: "Fui criada como se fosse um menino. Isso explica o fato que usei por muitos anos, e ainda uso, roupas de homem".²⁵ E acrescentou: "Sob o traje correto de uma jovem europeia, nunca teria visto nada, o mundo teria se fechado para mim, porque a vida exterior parece ter sido feita para o homem e não para a mulher".[26]

Por essas afirmações é possível notar que o travestismo de Eberhardt era algo mais complexo do que simplesmente vestir-se com roupas de homem, pois chegou a criar personas masculinas que estavam ligadas à sua identidade como escritora. Eberhardt não foi a primeira nem a última viajante a se valer de indumentárias masculinas tanto por serem mais confortáveis para determinadas atividades quanto por permitirem uma maior liberdade de movimento e/ou para passarem despercebidas e não serem incomodadas por outros homens. Lady Hester Stanhope (1776-1839), Fanny Loviot (?-?), Anne de Voisins d'Ambre (1827-?), Freya Stark (1892-1993) e Sarah Hobson (1947) foram algumas das mulheres viajantes que adotaram trajes de homem pelos motivos mais distintos.[27]

No entanto, Eberhardt, à diferença delas, *viveu* essa identidade masculina simultaneamente à feminina. Segundo Masha Belenky, o fato de ela ter usado o pseudônimo Nicolas Podolinsky em seus primeiros contos publicados é sinal dessa complexidade. Com isso, ela realiza "duas formas radicais de deslocamento, a do gênero e da raça".[28] Os estudiosos, contudo, discordam sobre o sentido do travestismo de Eberhardt no contexto colonial. Se Marjorie Garber vê como um gesto transgressor tanto do gênero quanto da cultura binária, Ali Behdad segue a linha do conceito de mímica de Homi Bhabha:

> O travestismo aqui é visto não como um modo de identificação com o Outro, mas como uma apropriação falocêntrica do significante oriental. A adoção do vestuário masculino oriental por Eberhardt

é, portanto, uma forma de mímica colonial — ou "*going native*" [tornar-se o nativo] — que reafirma a diferença essencial com a lógica do discurso colonialista.[29]

Para Belenky, Eberhardt parecia consciente da ambivalência que rodeava o seu travestimento. Se, por um lado, ela entendia a natureza da performance de se vestir como um homem árabe, por outro, ela afirma que se vestia assim apenas por conveniência, para se movimentar com mais liberdade.

De acordo com Severo Sarduy, o travestimento não é uma cópia, mas uma simulação,[30] e confirma a existência de uma espécie de "lei" do disfarce puro, prática esta que consiste em se fazer passar por outro, mas que não se reduz a nenhuma necessidade biológica.[31] Ou seja, existe o ato da simulação, pelo prazer do próprio disfarce, nada mais que isso.

O que transparece nos diários, indo além da simulação proposta por Sarduy, é que algo a mais, além da conveniência do travestimento, estava em jogo. Isso se torna evidente quando ela usa pronomes masculinos para se referir a si mesma em seus diários que, a princípio, seriam lidos apenas por ela. É também como Si Mahmoud Saadi que assina muitas das anotações feitas nos diários, mostrando que, talvez, esse nome tenha se tornado algo além de um mero pseudônimo, um alter ego, portanto, "mais 'verdadeiro' que 'Isabelle Eberhardt'".[32]

O próprio status da mulher europeia viajante por territórios ditos orientais já era, em si, ambivalente, pois "eram concedidas às mulheres, nos países e culturas estrangeiros, certas prerrogativas de acesso por vezes proibidas aos homens, como os haréns orientais. Simultaneamente, pelo fato de serem estrangeiras, acediam também à esfera de poder masculino, não raro eram recebidas e convidadas por autoridades locais".[33] O argumento puro e simples da conveniência pode ser questionado também por esse lado, de modo que a própria Eberhardt nos induz a crer na performatividade, pois ela era quem ela queria ser, homem ou mulher.

Com relação à sua performance de gênero, vale aqui conhecer algumas das teorias vigentes para pensarmos o caso de Eberhardt. Para a teórica Judith Butler, a performance de gênero não deve ser confundida com uma escolha individual: "Se eu fosse argumentar que os gêneros são performativos, isso significaria que eu pensaria que alguém acordaria de manhã, examinaria o seu armário ou algum outro espaço aberto para o gênero da sua escolha, vestiria aquele gênero para o dia, e depois colocaria a indumentária novamente no seu lugar à noite".[34] Já para a teórica Dúnlaith Bird, que trabalha justamente na linha da identidade de gênero de viajantes, "gênero como indumentária" é exatamente o que no seu campo de estudo se concebe como a identidade de gênero: "como uma performance teatral que vem potencialmente com um custo alto".[35] Como ela observa, quando Eberhardt viaja pela Argélia aparece "vestida com trajes emprestados, escolhidos de acordo com os lugares ou as circunstâncias" (ver, por exemplo, p. 105). Assim, "onde Butler identifica mecanismos de controle, Eberhardt afirma ver escolhas ilimitadas, alternando os papéis de Sidi Mahmoud, seu alter ego muçulmano, de esposa francesa de Slimène Ehnni e de uma correspondente estrangeira para o colonialismo francês".[36]

Segundo Bird, as "teorias" de performatividade de gênero da viajante antecipam em alguns aspectos às de Butler: "A maioria das mulheres representa as normas da feminilidade, criando uma aparência naturalizada do que é ser mulher por meio da repetição cega. Eberhardt, como Butler, vê além dessa construção de feminilidade 'natural', expondo-a como um artifício". No entanto, a posição da viajante é diferente da que tem a teórica, pois ela apresenta abertamente uma exteriorização privilegiada da sua própria agência teatral, o que significa que Eberhardt escolhe suas roupas e os cenários das suas performances. Bird, embora elogie os argumentos esclarecedores de Butler sobre gênero, aponta que exceções como Eberhardt revelam a necessidade de reintegrar performance e agência pessoal na sua teoria.[37]

Além disso, Bird continua sua argumentação dizendo que os textos de Eberhardt revelam uma espécie de vida dupla, com as experiências de Sidi Mahmoud refletindo na perspectiva da Eberhardt narradora e da Eberhardt autora, o que por vezes confunde as fronteiras entre eles. O retrato de Mahmoud feito por Eberhardt mostra como os limites da *estrutura performativa* estão ligados ao contexto, enquanto as *performances de vagabundagem* podem ser feitas em qualquer lugar, sendo adaptadas às circunstâncias. As normas culturais de gênero em determinadas áreas influenciam a identidade de Eberhardt, mas não a limitam.[38] Não é, portanto, apenas uma performance de gênero, mas algo mais fluido ligado à ideia de vagabundagem. O próprio gênero entra na mobilidade do conceito de *vagabundagem*, e vai se adequando às necessidades dos cenários encontrados por Eberhardt e ela acaba *vivendo* todos eles. O que começou como sendo um disfarce conveniente para uma maior mobilidade acabou virando a própria vida, mudando a realidade da viajante. Nesse sentido, ela vivia como mulher *e* como homem ao mesmo tempo, ou então indo e voltando em cada um desses gêneros conforme a sua vontade. Esse foi o talento de Eberhardt: viver sua identidade de gênero com a maior liberdade que conseguiu.

Já a forma como transitava com relação a sua identidade étnico-racial foi recebida com mais credulidade por seus estudiosos, principalmente entre os franceses. Alguns deles acreditam que ela foi capaz de realizar uma transformação, uma metamorfose, de Isabelle Eberhardt para Si Mahmoud, para além daquela que ocorreu mais no âmbito interno, por influência da sua conversão ao sufismo.

A ideia da metamorfose não deixa de ser um tropo do discurso colonial na literatura imperialista, cujo epítome talvez se encontre na obra *Kim* (1901), de Rudyard Kipling (1865-1936). Nessa obra, o jovem órfão Kimball O'Hara (ou simplesmente, Kim), de origem irlandesa, cresce nos bazares de Lahore e, ao longo do romance, acaba se envolvendo com o Serviço Secreto inglês em um complô para derrotar os russos em meio ao Grande Jogo na Índia, além de se tornar discípulo de um monge tibetano. No contexto deste livro, o que interessa é, nas palavras de Edward Said, o "admirável talento" de Kim para o disfarce.[39]

Essa maestria do disfarce advém do que Daniel Bivona chamou da "grande sabedoria" de Kim: a "metamorfose consciente" é o rito de passagem da infância para a vida adulta, em que se assume de propósito papéis diferentes, dentro de uma brincadeira autoconsciente.[40] Ou seja, quanto mais alguém se envolve no jogo, mais complexos se tornam os seus papéis, mais prazer se tem no jogo da substituição e, consequentemente, mais sábio este alguém se torna. Kim, ao final do livro, torna-se adulto ao conseguir controlar de forma consciente o nível de mergulho que ele realiza dentro de novas estruturas de ser dos sujeitos.[41]

Kim é, portanto, a representação da fantasia e do desejo de que tudo é possível, além de também retratar uma forma de vigilância e controle político. Essa fantasia também, de alguma forma, aparece em *Os sete pilares da sabedoria* (1922), de T. E. Lawrence (1888-1935), em que este oficial britânico narra o seu envolvimento na conformação da Revolta Árabe (1916-1918) contra o Império Turco-Otomano durante a Primeira Guerra Mundial (1914-1918). Como Eberhardt, Lawrence era filho ilegítimo, e, assim como ela, esse era um assunto bastante delicado e que influiu diretamente na forma como se relacionava com sua própria identidade. No livro, Lawrence faz o leitor lembrar que ele — "um inglês loiro de olhos azuis — movia-se entre os árabes e o deserto como se fosse um deles".[42]

No entanto, Kim consegue dominar a metamorfose, provavelmente porque é na ficção que a fantasia pode ser realizada. Apesar de aparecer na escrita de Eberhardt que ela enganava os árabes com quem convivia, deve-se deixar de lado a ingenuidade e pensar nisso como uma escolha discursiva deliberada. Ela até poderia acreditar que conseguia enganar todos à sua volta com seu disfarce e é provável que causasse confusão diante dos seus interlocutores no modo como classificá-la. Como explica Annette Kobak, o fato de os árabes com quem tinha um contato mais próximo não a desmascararem — e até levarem-na para lugares tidos como sórdidos, como bordéis e casas para fumar kief — seria mais um indicativo do hábito local de manter as aparências do que o sucesso do seu disfarce. O próprio Robert Randau garantiu que todos os árabes que passavam mais tempo com ela sabiam que era uma mulher europeia, mas se deixavam levar por quererem manter a discrição sobre a forma como ela escolhia se apresentar. A viajante e escritora britânica Gertrude Bell (1868-1926), que viveu parte de sua vida no Oriente Médio trabalhando para o Império Britânico, sendo uma das responsáveis por criar as fronteiras do atual Iraque, explicou:

> Você encontrará no Oriente hábitos menos presos a amarras artificiais, e uma tolerância e diversidade maiores [...] um homem pode sair em público só com os olhos à mostra, ou vestido apenas com um cinto: ele não vai provocar nenhum comentário. Por que deveria? Como todo mundo, ele está apenas obedecendo às suas próprias leis.[43]

Desse modo, o disfarce de Eberhardt não era apenas algo que a fazia se aproximar de outras culturas, ou uma mera curiosidade, pois representava uma identidade que ela queria assumir. E essa vontade de ser assimilada pode ter influenciado na forma como seus interlocutores reagiam. E, embora haja "uma grande diferença entre se transformar no outro e se fazer passar por outro",[44] isso não invalida o fato de que Eberhardt realmente se reinventava a cada lugar e circunstância, exteriorizando essas mudanças, e também não significa que ela não *vivesse* de fato essa alteridade, pois Mahmoud realmente ganhou uma dimensão muito importante em sua vida. Eberhardt, ao final, foi alguém que "obedeceu às suas próprias regras", que viveu a sua própria verdade, sendo não apenas quem ela queria ser, mas quem no fundo ela era: Isabelle Eberhardt *e* Si Mahmoud Saadi. Os dois ao mesmo tempo, em uma relação não livre de conflitos, mas dialógica, em que um convivia com o outro. Tanto que esses dois nomes se encontram inscritos no seu túmulo em Aïn Sefra. Como escreveu Tzvetan Todorov, "falar da descoberta que o eu faz do outro" é um assunto "imenso".[45] Ainda mais quando se descobre o outro dentro de si.

Vagabundagem interior: rezar é melhor que dormir

> *O caminho não leva nem ao Leste nem ao Oeste, mas para dentro.*
>
> Jalaludin Rumi[1]

"Não apunhalei uma europeia, apunhalei uma muçulmana, por impulso divino", explicou Abdallah durante o julgamento da tentativa de assassinar Isabelle Eberhardt. Em outro momento, ele se atrapalhou e disse que um anjo havia aparecido para ele aconselhando-o a matar a "europeia que causava problemas na nossa religião".[2] Neste contexto, é bom deixar claro, europeu era sinônimo de cristão. Afinal, como uma europeia poderia ser muçulmana? O intuito também era criar a ideia de que o atentado aconteceu por causa do fanatismo religioso islâmico, procurando criar uma animosidade entre cristãos e muçulmanos, revivendo o fantasma da Revolta de Marguerite, que foi uma insurreição de argelinos contra a pequena vila francesa de Marguerite, no norte da Argélia, ocorrida em 26 de abril de 1901. O evento durou oito horas, deixou cinco colonos europeus mortos e foi brutalmente repreendido, tendo sido difundida na época a ideia de que a rebelião ocorreu pelo fanatismo religioso dos camponeses muçulmanos, liderados pelo *marabout* Yacoub; no entanto, a revolta foi causada pela política colonial francesa, que desde meados de 1860 realizava expropriações de terras da população local.

Apesar do atentado não ter sido divulgado na imprensa francófona argelina, Eberhardt temia que a cobertura feita pelos veículos da metrópole distorcessem os fatos e interpretassem o ocorrido como mais um caso de fanatismo dos muçulmanos contra os cristãos. Ao mesmo tempo, a questão em torno da sua religiosidade suscitava questionamentos tanto da parte francesa quanto da argelina. Ela não se identificava com os europeus, uma vez que criticava a modernidade europeia em seus escritos (ver p. 212). Para esclarecer de uma vez por todas a sua posição e recuperar alguma agência nessa narrativa, a viajante escreveu uma carta ao jornal *La Dépêche Algérienne* explicando a sua versão dos fatos:

> Durante a investigação do julgamento de Abdallah ben Mohammed, os oficiais dessa investigação expressaram repetidamente seu espanto ao me ouvir declarar que sou muçulmana e até mesmo iniciada na irmandade Qadiriya, e ao me ver vestindo o traje árabe às vezes feminino, às vezes masculino, dependendo das circunstâncias e das necessidades de minha vida essencialmente errante.
> Para não passar por emulador do doutor Grenier ou por pessoa fantasiada que se apropria de uma etiqueta religiosa por qualquer motivo, gostaria de declarar aqui que nunca fui cristã, que não sou batizada e que, embora seja súdita russa, sou muçulmana há muito tempo. A minha mãe, que pertencia à nobreza russa, morreu em Bône, em 1897, depois de ter se tornado muçulmana e sido sepultada no cemitério árabe desta cidade.
> Portanto, não precisava me tornar muçulmana, nem necessitava de qualquer motivo para fazer um teatro, e os meus correligionários argelinos entenderam isso tão bem que o xeque Si Mohammed el Hussine, irmão de Si Mohammed Taïeb, *naïb* da irmandade de Ouargla, concordou sem qualquer dificuldade em me iniciar, confirmando o que eu já havia recebido de um de seus *mokaddem*.[3]

Nessa carta, Eberhardt faz um breve relato da sua trajetória religiosa, deixando claro que nunca foi cristã e que era muçulmana há muito tempo. Realmente, o interesse pelo Islã surgiu por volta dos seus dezesseis anos, quando começou a ler o Corão em árabe, ensinada pelo tutor Alexandre Trophimowsky. Sua conversão oficial ocorreu quando se mudou para Bône com a mãe, que também se tornou muçulmana e ganhou a alcunha de Fatima Manoubia — nome que foi inscrito em seu túmulo ao ser enterrada seguindo os ritos muçulmanos em 28 de novembro de 1897. Ela também revelou que foi iniciada na ordem Qadiriya, da qual seu companheiro Slimène Ehnni também fazia parte. Isso realmente ocorreu em novembro de 1900, e ela, como uma seguidora devota, não dava mais detalhes sobre o assunto, uma vez que os ensinamentos sufis não podem ser revelados aos despreparados ou aos espiritualmente imaturos, devendo ser mostrados aos poucos e em etapas.[4]

Essas questões do pertencimento à religião muçulmana também permeiam a correspondência de Eberhardt com o tunisiano Ali Abdul Wahab. Em uma das mensagens, de 28 de agosto de 1897, afirmou que nunca foi e que nunca seria cristã, que já estava se tornando muçulmana e que não precisava seguir as regras de vestimenta e de comportamento para se sentir acolhida por essa fé.

> Agora não acho que tenha que ser muçulmana para usar uma *gandoura* ou um *mleya* e permanecer enclausurada. Essas medidas foram impostas às mulheres muçulmanas para salvá-las de possíveis deslizes e mantê-las puras. Assim, basta praticar essa pureza e a ação será tanto mais meritória por ser gratuita e não imposta...
> Para voltar ao Islã, diga-me com toda a consciência: devo ou não desempenhar o papel de um doutor Grenier de saias, que parece assumir que o hábito faz o monge e que usar um *burnous*

ou uma *ferrachia* de mulher significa ser uma muçulmana? Você mesmo disse que não é necessário se vestir como árabe para ser muçulmano. Existem dois pesos e duas medidas? Eu não espero isso de você. Também há pessoas que cumprem as prescrições do Corão e que até têm uma certa fé e que, no entanto, não estão entre os eleitos. [...] E para mim, o Islã, a religião mais iluminada e clara, e a maior e mais simples que existe, nunca consistirá em uma "afetação" como Grenier e companhia pensam.[5]

Nessas duas cartas, ela faz menção a Philippe Grenier (1865-1944), médico e político francês, que foi o primeiro deputado muçulmano da França. Ele se converteu ao Islã em 1894, na Argélia; em seguida, fez a peregrinação a Meca e passou a adotar os trajes tradicionais argelinos. Eleito no final de 1896, ele apareceu na Assembleia Nacional vestido com roupas árabes, tornando-se motivo de curiosidade e de chacota da imprensa da época, ainda que ele tentasse emplacar algumas medidas para melhorar a vida dos muçulmanos na Argélia francesa. Pelo visto, diante do frisson (no mal sentido) que ele causou, Eberhardt não desejava ser comparada a essa figura, que alguns anos mais tarde abandonou a política.

Grenier não foi o único europeu a ficar fascinado pelo Islã. A islamofilia já havia tomado conta de Bonaparte, Lamartine e Victor Hugo, além de Goethe e de vários autores do romantismo alemão. Esse fascínio coincidia também com o sucesso de representações fantasiosas dessa fé, e a maioria das pessoas ignorava tudo ou grande parte dessa tradição religiosa. Eberhardt, claramente, fugia desse tipo de posição — ainda que seus escritos repitam o tropo do beduíno "eterno", aquela ideia de que os nômades que viviam no deserto não sofreram nenhuma alteração cultural ou social ao longo dos séculos, como se estivessem congelados no tempo (ver, por exemplo, p. 192).

Essa mesma ideia é propagada com relação ao deserto, um local que não passaria por nenhuma mudança temporal e que teria permanecido igual ao longo de 2 mil anos.

Eberhardt também chegou a envolver o Islã nas suas buscas fantasiosas pela paternidade desconhecida. Em depoimento ao jornal *La Petite Gironde*, em abril de 1903, declarou que era filha de russo muçulmano e de mãe russa cristã: "eu nasci muçulmana e nunca mudei de religião".[6] Em seguida, comentou que o pai morreu logo após o seu nascimento, e que foi então criada pelo tio-avô Alexandre Trophimowsky. Em outros momentos, assinou suas cartas como Mériem ben Abdallah, ou seja, Mériem filha de Abdallah, e como Mahmoud ould Ali, alusão ao primeiro nome do pai que ela própria batizou de Ali. A biógrafa Annette Kobak chega a comentar que esse "russo muçulmano" é, diante de uma ironia histórica, o próprio Trophimowsky, tutor e provável pai biológico de Eberhardt, pois, na época, ele poderia ser considerado russo muçulmano em razão de suas origens.

Sua família deve ter feito parte dos milhares de armênios que emigraram da Turquia para a Rússia nos primeiros anos do século 19. O árabe não era a língua da Armênia turca, mas o Islã era a principal religião desse grupo, e a maioria desses muçulmanos tinha familiaridade com o árabe por ler o Corão. Portanto, Trophimowsky teria uma formação mais próxima do conhecimento "oriental" do que europeu. Suas descrições das estepes do Cáucaso e de Kalmuck, localizadas entre a Armênia e Kherson (cidade natal de seu tutor e que hoje fica na Ucrânia), morada de tártaros muçulmanos nômades, descendentes das hordas mongóis de Gengis Khan, influenciaram a escrita de Eberhardt, cujos contos e o romance *Trimadeur* são repletos de nostalgia por esses lugares que ela nunca conheceu.[7]

Para além do histórico de seu pertencimento ou não ao Islã desde cedo na vida, sua ligação religiosa foi reforçada pelo fato de ter sobrevivido ao atentado. Isso fez com que ela refletisse ainda mais sobre o sentido da sua vida, questionando por qual razão Deus a teria poupado. Em seu diário, confessa a crença de que seu destino seria se tornar uma *maraboute*, uma santa muçulmana, uma espécie de mártir. Do assunto, ela só o mencionava a Slimène, o único que a entendia, pois tinha medo de que outras pessoas achassem que tivesse enlouquecido.

> Deus semeou em minha alma algumas sementes fecundas: desinteresse levado ao extremo em todas as coisas deste mundo, fé, amor duradouro, piedoso, infinito, de todos que sofrem. Esse perdão do mal é um compromisso ilimitado para a causa islâmica, a mais bela de todas, pois é a Verdade... [...]
>
> Inconscientemente, sem saber o que dizia, e em um outro sentido, Me de Laffont [advogado de defesa do julgamento] disse uma verdade da qual ele não tem ideia, da qual ninguém pode suspeitar: ele disse que eu deveria ser grata a Abdallah. Sim, eu sou grata a Abdallah, e, mais, eu o amo sinceramente: na verdade, esse homem é, de fato, o mensageiro de Deus que ele declarou ser. [...]
>
> Abdallah vai para o outro lado do globo, para a mais distante das terras. Mas o trabalho de Abdallah, e o germe que ele semeou em mim ficou aqui, e acredito firmemente que já está germinando e que, em algum dia, vai emergir das sombras onde eu o escondo de todos os olhos... Esse é o meu segredo, aquele que não devo confiar a ninguém, exceto àquele que o profetizou um dia e quem nunca profanou com uma risada zombeteira o santuário da minha alma, que só eu às vezes posso abrir a essa profundidade; e que ninguém mais deveria saber: porque ele, também, ele é *predestinado*.[8]

Embora possa parecer difícil que uma mulher se torne *maraboute*, não era uma prática incomum entre as ordens do Magrebe, onde havia uma mitologia árabe de uma longa tradição de *maraboutes* mulheres que percorriam o deserto disfarçadas de homens.[9] Por vezes, líderes de zauias que não tinham filhos homens deixavam esses estabelecimentos nas mãos de suas filhas. Era esse o caso de Lèlla Aouda ben Sidi Mohammed, uma *maraboute* celebrada por sua beleza e sabedoria, e de Lèlla Fatima. Eberhardt chegou a conhecer uma *maraboute*, Lèlla Zeynab, filha e herdeira de Sidi Mohammed Belkassem, da zauia de El-Hamel. O encontro entre as duas é belamente descrito na passagem "Na zauia" (p. 118). Zeynab logo reconhece que Eberhardt é uma mulher, aprovando-a e garantindo amizade eterna. Ela logo se lamenta da ingratidão dos homens e do fato de ter renunciado a casamento, filhos e todo tipo de "alegria".

A ideia de destino e de predestinação também não era estranha à escritora. Eberhardt já era adepta do *mektoub*, como dizem seus biógrafos, a ideia de que "todas as coisas estão naquilo que foi escrito",[10] o que ela adotou após o trauma que a morte da mãe lhe causou, e que foi consolidado depois de sobreviver à tentativa de assassinato. É possível especular, portanto, que todo esse percurso religioso fez com que Eberhardt passasse por uma transformação interior, algo que é pregado pelo sufismo. Mas o que é exatamente o sufismo?

Conforme apontado por vários autores, ele é de difícil definição diante da sua diversidade. "O sufismo é hoje um nome sem realidade que, antes, era uma realidade sem nome", definia Hujwîri, mestre sufi do Afeganistão, no século 11.[11] Até mesmo a origem do termo é um tanto obscura: "sufismo" teria sido derivado de *tasawwuf*, que não tem um significado específico, referindo--se provavelmente às túnicas de lã (*suf*, em árabe) que os primeiros sufis vestiam como um símbolo da sua pobreza e de seu desligamento do mundo. Para Albert Hourani,[12] *tasawwuf* seria o equivalente árabe de "misticismo", ainda que ligado ao sunismo.

Como movimento religioso, o sufismo é caracterizado por uma mistura de tendências filosóficas e religiosas divergentes, contendo princípios do monasticismo cristão e do ascetismo hindu, pensamento budista e tântrico, gnosticismo islâmico e neoplatonismo, além de alguns elementos do xiismo, do maniqueísmo e do xamanismo da Ásia Central. Mesmo assim, o sufismo extraiu sua inspiração do Corão: um fiel meditando sobre o significado do Livro "pode ter sido invadido por um senso de esmagadora transcendência de Deus e da total dependência de todas as criaturas para com Ele".[13]

Devido a esse caráter mais aberto, o sufismo absorveu diversas formas de crenças e costumes locais, e tornou-se bastante popular em áreas do Império Islâmico. O sufismo também se expandiu pelo continente africano, se misturando às crenças locais e ganhando grande importância política, como acontece na Tunísia e na Argélia, onde Eberhardt viveu.

Talvez a principal diferença entre o sufismo e muitos movimentos místicos que se mantiveram ligados à sua matriz religiosa é que o sufismo trata o Islã como uma "casca que deve ser retirada para se ter a experiência do contato direto com Deus".[14] Conforme a explicação de Aslan, "a religião formal do Islã é o prelúdio do sufismo, mais do que o seu motivo proeminente. O Islã, como todas as religiões, pode apenas dizer que aponta a humanidade para Deus, enquanto o sufismo procura lançar a humanidade na direção de Deus".[15] Isso não significa que o sufismo rejeite o Islã, pelo contrário. Os sufis são muçulmanos, rezam como muçulmanos, usam símbolos da religião e seguem crenças e rituais islâmicos.[16]

Portanto, a ortodoxia pode, inclusive, fazer parte das etapas do caminho que o fiel deve seguir para atingir o objetivo final da completa aniquilação do ego e se unir ao Divino, mas isso só é alcançado pela "virtude suprema" que é o "amor".[17]

Os conhecimentos dos primeiros mestres sufis foram conservados oralmente, e depois na forma escrita por aqueles que tentavam aprender o caminho. Assim, surgiu uma "linguagem coletiva", segundo Hourani, da natureza da preparação e da experiência mística do sufismo, além de uma identidade comum entre os sufis. Foi mais ou menos no século 9 que o caminho para o conhecimento de Deus foi sistematizado. No fim desse trajeto, o fiel "verdadeiro e sincero" poderia ver-se diante de Deus de forma que os atributos de Deus substituíssem os seus, e sua existência individual desapareceria, mas apenas por um momento. Em seguida, ele voltaria à sua própria existência e ao mundo, mas traria consigo a lembrança daquele momento, da proximidade de Deus, e também de Sua transcendência.

O Caminho, ou *tariqa*, uma longa jornada para a reflexão sobre si mesmo, tinha por objetivo a experiência de se unir a Deus. Segundo Aslan, é uma viagem mística que leva o sufi da realidade externa da religião em direção à realidade divina, sendo que esta seria a única realidade. Como todas as viagens, o Caminho tem um fim, mas não deve ser visto como uma linha reta para um destino fixo, mas como uma montanha cujo cume esconde a presença de Deus. "Há muitos caminhos possíveis para chegar até o topo, alguns melhores que outros, só que como cada caminho leva, por fim, ao mesmo destino, o trajeto é irrelevante. O importante é manter-se no caminho." Por isso, deve-se passar diligentemente por cada etapa, dando um passo de cada vez, a fim de se atingir a evolução espiritual para quando se chegar ao fim da jornada: "O momento de iluminação em que o véu da realidade é desvelado, o ego, obliterado, e o eu, totalmente consumido por Deus".[18]

A *tariqa*, ou confraria, tomava forma a partir dos mestres de ordens sufis, por meio de rituais de iniciação, como a entrega da *khirqa* (um "manto" que simbolizava a renúncia do adepto à riqueza material em favor da espiritual), o juramento de aliança ao xeque e a comunicação de uma prece secreta. Além das orações individuais, havia o ritual central do *dikr*, ou a repetição do nome de Deus. Ao adentrar a *tariqa*, participava-se de uma rede de autoridade espiritual (*silsila*) que remontava ao fundador da ordem. E esse modo de reprodução era intrinsecamente hierárquico, ligando discípulo ao mestre, criando, assim, uma rede de dependências com base na verticalidade de poder — tanto que *tariqa* também significa "fraternidade".

Rezar é melhor que dormir, descreveu Eberhardt sobre o encanto que sentia ao ouvir a voz do *muezzin* do seu quarto pelas manhãs em Túnis. Em sua busca por Deus, ela adentrou o Caminho interno. Para além de ter sido iniciada e conhecido várias zauias, de alguma forma, ela instintivamente compreendia o que era ser um sujeito no mundo a partir da visão sufi. Segundo Beatriz Machado, o pecado que Deus não perdoa é o de ver as coisas como fixas e definitivas, e as identidades fazem parte dessas definições rígidas, que seriam criações do nosso ego. O pecado seria, portanto, ver cada coisa como uma essência em si mesma, sem perceber que cada "coisa" é um conjunto de relações, em especial com Deus. "Portanto, o pecado seria ver uma simples cadeira como cadeira, sem ver que ela é um Nome de Deus, isto é, um conjunto de relações possíveis."[19] Cada coisa é, portanto, uma manifestação divina, está em eterno devir. O ego cega os seres humanos de ver que Deus está em todas as coisas, e estas, inclusive nós mesmos, estamos em constante mutação. O ego não é capaz de perceber o movimento constante pois tende à fixidez, ao contrário do coração, que consegue perceber essa realidade secreta das coisas e que elas estão vivas e louvam a Deus, sendo essa a razão de existirem. A língua árabe já traz essa ideia em sua própria estrutura: a forma presente do verbo "ser" só é usada quando se fala de Deus, pois apenas Deus *é*, e não é usada com mais nenhum outro sujeito. Nesse sentido, faz mais sentido falar em *estar* do que *ser*, pois o primeiro demonstra um caráter transitório, enquanto o segundo faz menção a uma fixidez.

Talvez pelo modo como foi criada, Eberhardt sabia essa lição instintivamente. Pois, se nenhuma coisa é fixa, toda identidade está em movimento e se refazendo o tempo inteiro — até mesmo o próprio conceito de identidade entra em xeque nessa perspectiva. Ao nunca conseguir fixar quem ela era, a escritora chegou perto de viver na pele o que é ser um sujeito na visão sufi, em meio às suas vagabundagens identitárias, sendo um e outro ao mesmo tempo — e por que não? — também sendo Deus — pois Deus está em todos os seres e todas as coisas.

"Não sinto falta de mais nada, nem mais nada desejo... Eu espero. Assim, nômade e sem outra pátria além do Islã; sem família e sem confidentes, sozinho, sozinho para sempre na solidão altiva e melancolicamente suave de minha alma, continuarei meu caminho pela vida, até que soe a hora do grande sono eterno do túmulo...", escreveu ela em seu diário (p. 136).

A pátria escolhida por Eberhardt foi o Islã, cujo sentido de *umma* ela compreendeu: a ideia de uma comunidade maior entre os seguidores da fé muçulmana, que ultrapassa quaisquer outras fronteiras identitárias.

Uma outra Isabelle Eberhardt, aliás, tomou forma após sua morte na pena de Victor Barrucand, seu editor e amigo, que se apropriou dos seus manuscritos e criou uma fantasia orientalista que fez sucesso comercial nas primeiras décadas do século 20. É dessa apropriação que trata o próximo capítulo.

Vagabundagem documental: a lenda é sempre mais interessante que a verdade

Todas as coisas estão naquilo que foi escrito.
Isabelle Eberhardt[1]

No romance *Bússola*, do francês Mathias Enard, há uma breve descrição sobre Isabelle Eberhardt e sobre como se deu a coleta dos seus manuscritos após a inundação que a matara.

> [...] Isabelle Eberhardt, apaixonada pela Argélia e pela mística muçulmana — Isabelle se vestia, sem dúvida, como um cavaleiro árabe e se fazia chamar Si Mahmud, mas sua paixão pelo Islã e sua fé eram profundíssimas; acabou tragicamente afogada numa inundação súbita em Aïn Sefra, esse sul oranês que ela tanto amava. Sarah costumava lembrar, a respeito dela, que chegara a conquistar o general Lyautey, em geral pouco apaixonado por excentricidades, a tal ponto que ele passou dias, desesperado, primeiro em busca de seu corpo, e em seguida de seus diários — ele acabou encontrando aqueles caderninhos nas ruínas do casebre de Isabelle, e o manuscrito completo de *Sud oranais* foi arrancado da lama pelos militares com uma paciência de filatelistas descolando selos por oficiais subordinados ao general Lyautey.[2]

Ainda que essa descrição seja um pouco romanceada, ela não está tão fora da realidade. Após a morte de Eberhardt, o general Lyautey fez com que seus oficiais recuperassem o maior número de páginas dos escritos dela. Em 27 de novembro de 1904, um pouco mais de um mês depois da morte da viajante, o militar escreveu uma carta a Victor Barrucand:

> Nós finalmente conseguimos reencontrar sob os escombros o precioso manuscrito de *Sud oranais*, maculado, danificado, mas, parece, quase intacto. Haverá todo um trabalho para limpar essas páginas, secá-las, corrigi-las, mas é melhor fazê-lo na Argélia que aqui. Eu reuni, assim, em uma caixa tudo que encontrei até agora: 1º o *Sud oranais*, tal qual, 2º os recortes de jornais deixados ao lado contendo os artigos publicados, 3º um caderno de notas feitas por Si Mahmoud após suas leituras.[3]

Então Lyautey entregou os manuscritos não ao marido de Eberhardt, o argelino Slimène Ehnni, mas a Victor Barrucand, editor do jornal *Al Akhbar* e amigo pessoal de Eberhardt, a pessoa que ele achava mais indicada para lidar com o legado literário da viajante. No entanto, o que aconteceu foi a história de uma apropriação dos escritos de Eberhardt por Barrucand.[4]

Segundo a biógrafa Annette Kobak, assim que soube da morte da amiga, Barrucand já havia pensado em publicar um livro com textos de autoria dela sobre o Sul oranês e Kenadsa, como ela mesmo havia planejado. Ele seria responsável por completar o trabalho inacabado dela. O título escolhido foi *Dans l'Ombre chaude de l'Islam* [Na sombra quente do Islã], "um nome rebuscado que tinha mais a ver com os gostos parnasianos dele do que com a memória de Isabelle".[5] Diante do estado dos manuscritos, cujas páginas estavam desordenadas e sem numeração, Barrucand resolveu esse problema editorial reescrevendo o texto de Eberhardt. Segundo afirmou em um pedaço de papel, seu plano para o livro era:

um retiro no deserto, o distanciamento do velho mundo, a serenidade alcançada depois de muita agitação inútil. Haverá filosofias ao longo do caminho — uma ideia querida a Mahmoud — sobre o amor, o futuro da África, o fatalismo do Sol (sic). Mahmoud apenas descreveu, nós vamos fazer com que ela fale, e seu confidente frequente em Argel [Barrucand] vai emprestar uma alma mais madura que a dela, cheia do potencial e atração em um *cavalière*.[6]

Em 1905, *Dans l'Ombre chaude de l'Islam* foi publicado pela editora Charpentier et Fasquelles, com um posfácio de quarenta páginas em que Barrucand faz um apanhado biográfico da vida de Eberhardt e solta casualmente que os acréscimos feitos por ele "eram livremente inspirados nas longas conversas e em nossa colaboração fraternal".[7] O livro foi um sucesso editorial, ganhou três outras edições e vendeu 13 mil cópias. Para além das mudanças feitas diretamente no texto de Eberhardt, na edição de 1921 Barrucand colocou seu nome como coautor. "Isabelle tinha se tornado uma lenda — ou melhor, a Isabelle de Barrucand tinha se tornado uma", observou Kobak.[8]

O sucesso póstumo foi tanto que não era incomum que admiradores realizassem peregrinações até seu túmulo em Aïn Sefra — uma de suas fãs era a jornalista e escritora Lucie Delarue-Mardrus (1874-1945), que foi casada com Joseph-Charles Mardrus (1868-1949), tradutor do Corão e das *Mil e uma noites* para o francês.[9] Outro livro publicado da mesma maneira por Barrucand, *Notes de Route* [Notas da estrada] saiu em 1908 pela mesma editora, com um prefácio de Barrucand e o nome de Eberhardt apagado do livro, mantendo-se apenas o do editor.

No prefácio de *Trimadeur*, o romance incompleto da viajante publicado em 1922 e finalizado pelo próprio Barrucand, ele explicou que "nós salvamos das águas e do esquecimento os vestígios do seu trabalho e da sua imaginação fresca, nós o restauramos, nós os misturamos fraternalmente à sua alma maior".[10] Em conversa realizada entre ele e o jornalista Jean Rodes, publicada por Robert Randau, Barrucand admite que as passagens de *Dans l'Ombre chaude de l'Islam* comentadas por Rodes não são de Eberhardt, mas sim de autoria dele. "Ela era totalmente incapaz de escrevê-las e mesmo de pensá-las. Fui eu que as escrevi para alcançar a imagem do ser que se supõe que ela fosse. Escrevi-as dentro da lógica da personagem que quis assim completar." Essa teria sido a razão pela qual ele se colocou como coautor do livro ao lado de Eberhardt. "Ela simplesmente reportava, anotando meticulosamente tudo o que via: os aspectos, as cores, a luz e as sombras, mas ela era incapaz de fazer esses retornos para dentro dela mesma. Ela escrevia como um leiloeiro." Ele também confessa que tinha interesse em criar uma personagem um tanto fictícia, baseando-se em uma figura real, seguindo o romantismo de Châteaubriand e de Byron.[11]

"A lenda é sempre mais interessante que a verdade. E existe alguma verdade? Os seres são o que o vemos e só essa visão é interessante", continua Barrucand.[12] Barrucand, então, faz o que homens têm feito há muito tempo: diminui a capacidade imaginativa e intelectual de Eberhardt e chama para si os louros do sucesso dos escritos da amiga, o que vejo como uma traição à relação que os dois possuíam. É realmente perturbador ver as mudanças que Barrucand fez nos originais de Eberhardt, rebuscando em excesso o encantamento sublime que ela sentia nas paisagens desérticas. Ainda bem que hoje conseguimos ter acesso aos manuscritos da escritora e pesquisadores sérios como Marie-Odile Delacour e Jean-René Huleu conseguiram compilá-los em uma edição definitiva, em que podemos entrar em contato com Eberhardt sem a mediação de Barrucand.

Para Kobak, as intenções iniciais de Barrucand eram "sinceras", e o trabalho de editar os textos de Eberhardt era árduo. O seu erro foi achar que Eberhardt precisava ser refeita à imagem das suas fantasias. Ele fazia marcações e acrescentava revisões próprias mesmo quando o texto estava completo e intacto. O estilo de Eberhardt era deliberadamente simples, tanto que seus rascunhos mostram um processo constante de aperfeiçoamento, observa a biógrafa, que dá alguns exemplos das intervenções de Barrucand: onde Eberhardt escreveu "a liberdade era a única felicidade acessível para a minha natureza", ele altera para "a liberdade era a única felicidade necessária para a minha ansiosa, impaciente e, ainda assim, orgulhosa natureza"; onde ela redigiu "todo mundo riu", ele acrescentava exageros como "as pessoas riram da sua rusticidade: esse gesto pertencia a um pastor".[13]

Durante uma exposição de manuscritos de Eberhardt ocorrida na Maison Tavel, em Genebra, no começo de 2018, a escritora Karelle Ménine explicou que Barrucand "manipula a escritura, substitui frases por outras, remove passagens, as risca, faz acréscimos. Em todos os lugares [dos manuscritos], a tinta roxa de Isabelle é corrigida pelo preto de sua caneta. Não é uma obra de restauração, mas de apropriação".[14] No entanto, para Kobak, piores que as intervenções diretas no texto de Eberhardt eram as formas como Barrucand tornava-a a protagonista do seu "romance", "exotizando-a, sutilmente tornando-a em uma fantasia, mais do que alguém com uma agência própria".[15]

As intervenções feitas por ele na obra não passaram despercebidas na época e foram alvo de duras críticas por parte de seus contemporâneos. Paul Vigné D'Octon escreveu, em 1º de dezembro de 1911, na revista literária *La Plume*, um ataque a Barrucand intitulado "Banditismo literário", acusando-o de plágio e cinismo. (Ironicamente, o mesmo Vigné D'Octon publicou o romance *Mektub!* sob o nome de Eberhardt, em 1913, no seu livro *Isabelle Eberhardt ou la bonne nomade, d'aprés des documents inédits* [Ou a boa nômade, de acordo com documentos inéditos], mas a fraude foi descoberta pelo escritor Albert de Pouvourville em 1914.)[16] A. Stephen declarou, no *Mercure de France* de 1º de julho de 1922, que Barrucand não fazia nada mais do que "algumas correções de um puritano", concluindo que ele queria "a qualquer custo tomar para si as glórias da Saariana".[17]

Em 1909, o jornalista Ernest Mallebay escreveu na revista *Annales africaines* que Barrucand havia recebido a informação de que o *Dictionnaire illustré* da editora Larousse o colocara como o único autor da obra *Dans l'Ombre chaude de l'Islam*. O jornalista também se mostrou indignado por Barrucand ter ameaçado Slimène Ehnni, o viúvo de Eberhardt, se ele reivindicasse os direitos sobre a obra da sua mulher. "Se o livro apareceu, É PORQUE O MEU NOME ESTÁ NA CAPA, SEM O QUAL NENHUM EDITOR IA QUERÊ-LO. Se você se mostrar muito exigente, eu interrompo a publicação; NÃO HÁ MAIS NINGUÉM A NÃO SER EU QUE POSSA COLOCAR DE VOLTA ISABELLE NO ESQUECIMENTO", teria escrito Barrucand a Ehnni.[18] Uma vez que Eberhardt estava morta e Barrucand era creditado como coautor de sua obra, ele recebia os *royalties* da venda dos livros. Na sua visão, sem ele, Eberhardt seria uma desconhecida e sua obra nunca teria sido publicada; por isso, manteve por muito tempo o monopólio dos manuscritos dela, não deixando que ninguém visse os originais. Barrucand se sentia o inventor do fenômeno em torno de Isabelle Eberhardt e, portanto, dono dela. Sentimento este que não é incomum entre os homens, mesmo nos dias de hoje.

Os diários de Eberhardt também circularam bastante. Originalmente, estiveram em posse do viúvo Ehnni, que morreu de tuberculose três anos depois da esposa em 1907. Conforme relato de Barrucand, Ehnni o havia chamado quando estava à beira da morte, pois queria lhe entregar os papéis de Eberhardt. No entanto, o editor teria chegado tarde demais, e essa documentação fora guardada pelo irmão de Ehnni, Mouloud, que a ofereceu para Barrucand por um determinado preço. O editor se recusou a pagar pelos papéis, que acreditava serem seus por direito. Quando se soube da existência desses manuscritos, Mouloud recebeu a visita de vários interessados, mas ele recusou todas as ofertas ao se dar conta de como eles poderiam ser explorados de maneira sensacionalista. Ele resolveu, então, vender o espólio da cunhada para Chloë Bulliod, casada com um barão da imprensa de Bône e neta do general a quem Mouloud havia servido. Ela planejava publicar ela mesma os diários, mas veio a Primeira Guerra Mundial, seu marido morreu e ela ficou doente.[19] Em 1923, ela havia desistido dos papéis e vendeu-os para o livreiro René-Louis Doyon, nascido em Blida, em 1885, e fundador da editora La Connaissace e rival de Barrucand. Ele publicou algumas obras de Eberhardt sem retoques: *Mes Journaliers* [Meus diários, 1923], *Contes et paysages* [Contos e paisagens, 1924] e *Au pays des sables* [No país das areias, 1944].

Para essa primeira obra, Doyon escreveu um longo prefácio intitulado "La Vie tragique de la bonne nomade" [A vida trágica da boa nômade], em que critica Barrucand por emprestar a Eberhardt "uma maneira de colonizadora, até mesmo patriótica",[20] algo que não era do feitio da autora. Apesar disso, para Karelle Ménine, ver Barrucand apenas por esse viés é uma simplificação, pois ele sempre apoiou Eberhardt diante de seus inimigos e detratores, e os dois tinham uma parceria jornalística em que ela escrevia relatos que eram publicados por ele no jornal *Al Akhbar*. Ainda assim, nada justifica a liberdade com que ele mexeu nos manuscritos de Eberhardt.

Como ela morreu em Aïn Sefra, em 1904, quando a Argélia era colônia da França, seus manuscritos, papéis e documentos ficaram a cargo do Estado francês. Atualmente, essa documentação está conservada nos Archives Nationales d'Outre-Mer, na cidade francesa de Aix-en-Provence. Com isso, biógrafos e pesquisadores têm feito o trabalho de resgatar a integridade da obra de Eberhardt, separando-a da de Barrucand e Doyon. Foi o que fizeram Marie-Odile Delacour e Jean-René Huleu ao organizar as *Œuvres complètes* [Obras completas] da viajante, lançadas em dois volumes pela editora Grasset em 1988. A correspondência completa também foi publicada, em 1991, sob o título *Écrits intimes* [Escritos íntimos], pelas Éditions Payot. Paul Bowles, em 1975, também organizou *The Oblivion Seekers* [Caçadores de esquecimento]. Esses trabalhos tão importantes foram, aliás, a base para a tradução dos textos que estão a seguir. O professor e pesquisador Mohammed Rochd também tem feito esse trabalho de resgatar a obra da viajante, tendo chegado a publicar uma versão inédita de *Sud oranais*, além de desmentir certos equívocos publicados sobre ela na imprensa argelina.[21]

Mas, afinal, como e por que Eberhardt escreve? "Eu escrevo porque amo o processo da *criação literária*. Eu escrevo como eu amo, porque esse é o meu destino, provavelmente. E é meu único consolo", contou ela em carta ao amigo tunisiano Ali Abdul Wahab, em 22 de agosto de 1897.[22] Não só viajante, Eberhardt era, no final das contas, uma escritora, e esse sempre foi o seu objetivo, o seu sonho: ser publicada e ser lida. É hora, então, de deixar Isabelle Eberhardt falar por si mesma. Espero que esta apresentação dessa figura fascinante atice ainda mais a curiosidade do público brasileiro por essas viajantes que viveram vidas tão absurdas que parecem fictícias e com as quais podemos aprender muito.

Parte II

Por
ISABELLE EBERHARDT

As viagens de Isabelle Eberhardt

Durante sua vida, Isabelle Eberhardt exerceu o direito de vagar que desde cedo reivindicara. Em 1897, muda-se para Bône, hoje Annaba, com sua mãe. Após o falecimento da genitora, viaja a Cagliari, na Sardenha, e então vai a Paris para tentar conseguir financiamento de viagem pelo norte argelino, na região do Magrebe africano. Na Argélia, em 1901, sofre um atentado contra sua vida, ao qual sobrevive; logo em seguida, o governo francês pede sua extradição não oficial. A fim de se recuperar, passa um tempo em Marselha, na casa do irmão. Casa-se, então, com seu companheiro Slimène Ehnni, que tem cidadania francesa, para poder voltar à Argélia, onde anos depois falece de modo trágico em Aïn Sefra.

Vagabundagens

Isabelle Eberhardt em Túnis. Arquivo de
Ali Abdul Wahab, c. 1899

Vagabundagem

Um direito que apenas poucos intelectuais se empenham em reivindicar é o direito à errância, à *vagabundagem*.

E, no entanto, a vagabundagem é a alforria, e a vida na estrada, a liberdade.

Romper corajosamente com todos os entraves com os quais a vida moderna e a debilidade do nosso coração carregaram nossa ação, sob o pretexto da liberdade, armar-se de um cajado e de uma bolsa-carteiro simbólicos e *ir embora*!

Quem conhece o valor e o gosto delicioso da liberdade solitária (pois só se é livre sozinho) sabe que o ato de partir é o mais corajoso e mais belo de todos.

Felicidade egoísta, talvez. Mas felicidade, para quem sabe aproveitá-la.

Estar sozinho, estar *livre de necessidades*, ser ignorado, sentir-se estrangeiro e em casa em todos os lugares, e caminhar, solitário e magnânimo à conquista do mundo.

O andarilho vigoroso, sentado na beira da estrada, contemplando o horizonte livre e aberto diante de si, não é o mestre absoluto da terra, da água e do céu?

Que castelão poderia competir em poder e opulência com ele?

Não há limites para seu feudo, nem lei em seu império.

Servidão alguma rebaixa seu aspecto, labuta alguma curva sua coluna em direção à terra que é sua e que se oferece por inteiro a ele, em bondade e beleza.

Na nossa sociedade moderna, o pária é o nômade, o vagabundo, "sem domicílio ou residência conhecida".

Ao juntar essas palavras ao nome de alguém em condição irregular, os homens da lei e da ordem acreditam exterminá-lo para todo o sempre.

Ter uma casa, uma família, uma propriedade ou uma função pública, modos de subsistência definidos, ser enfim uma engrenagem útil à máquina social, tantas coisas que parecem necessárias, indispensáveis para a imensa maioria dos homens, mesmo para os intelectuais, mesmo para aqueles que se acreditam mais livres.

Isso tudo, porém, é apenas uma variante da escravidão a que somos constrangidos pelo contato com nossos semelhantes, sobretudo um contato regrado e contínuo.

Foi sempre com admiração, sem inveja, que ouvi os relatos de pessoas corajosas que viveram durante vinte, trinta anos no mesmo bairro, quiçá na mesma casa, que nunca saíram de sua cidade natal.

Não experimentar a necessidade torturante de saber e ver o que existe ali em frente, para além da misteriosa muralha azul do horizonte... Não sentir a opressão deprimente da monotonia dos cenários... Olhar para a estrada toda branca que corre em direção ao longínquo desconhecido, sem sentir a necessidade imperiosa de se entregar a ela, de segui-la docilmente através de montanhas e vales — essa necessidade medrosa de imobilidade parece a resignação inconsciente do bicho, a quem a servidão embrutece e que prende seu pescoço às rédeas.

Para toda propriedade há limites. Para todo poder há leis. Ora, o andarilho possui toda a vasta terra, cujos limites são o horizonte irreal, e seu império é intangível, pois ele o governa e dele desfruta em espírito.

Andarilho

A estrada serpenteia, longa, branca, em direção ao azul longínquo, aos horizontes sedutores.

Sob o Sol, a estrada coberta de pó se incendeia entre o ouro fosco das colheitas, o vermelho das montanhas escondido por uma bruma incandescente e o verde sombrio da pradaria.

Ao longe, fazendas opulentas, *bordj* em ruínas, *gourbi** pobres, na prostração do dia, tudo dorme.

Da planície sobe um cântico, longo como a estrada sem abrigo, como a pobreza sem perspectiva de alegria, como um lamento inaudível: o cântico dos colhedores cabilas.

O trigo pálido e a cevada ocre se empilham sobre a terra exaurida de seu trabalho de parto.

Mas todo esse ouro tépido disposto ao Sol não acende um lampejo no olhar perdido do andarilho.

Seus trapos estão cinza... Parecem cobertos pela mesma poeira opaca que amacia a terra batida no pé descalço do errante.

---

* As palavras em árabe que estão no singular, mas deveriam concordar no plural, seguem o original e a escolha da autora. (Esta e as demais notas são da tradução, exceto se assinaladas de outra maneira.)

Alto, emaciado, as feições graves protegidas pelo toldo do véu em trapos, a barba cinza e inculta, o olho opaco, os lábios rachados pela sede, ele vai.

E, quando passa por uma fazenda ou por um *mechta*, ele para e bate no chão com seu longo bastão de oliveira selvagem.

Sua voz rouca quebra o silêncio do campo e ele pede o *pão de Deus*.

O andarilho de silhueta trágica está correto: o pão sagrado que pede, sem implorar, é seu de direito, e a esmola é apenas uma restituição débil, como um reconhecimento da iniquidade.

O andarilho não tem casa, não tem família. Ele deambula, livre, e seu olhar perdido toma para si toda essa grande paisagem da África, cujos limites ele rejeita, segundo seu bel-prazer, para sempre.

Quando, cansado de ir em frente e assolado pelo calor ele quer descansar, as grandes aroeiras das encostas e os eucaliptos com seiva escorrendo como lágrimas das estradas oferecem sua sombra e a segurança de um sono sem sonhos.

Talvez um dia o andarilho tenha sofrido por ser um sem-teto, por não ter nada e também, com certeza, por *pedir* aquilo que, por instinto, ele sabia ser seu.

Mas agora, depois de longos anos sempre iguais, ele não tem mais desejos e, indiferente, suporta a vida.

Os policiais muitas vezes o interpelaram, e ele foi preso... Mas nunca entendeu — aliás, nunca explicaram para ele — por que seria proibido a um homem caminhar sentindo a carícia de uma luz abundante, atravessar esse pedaço do universo que a ele parece ser seu. Não entendeu por que as pessoas que não lhe deram abrigo nem pão o *proibiam de não possuir a ambos*.

À acusação de ser um vagabundo, ele sempre respondeu:

"Não roubei nada, não causei mal algum...". Mas lhe disseram que isso não bastava, e sua simples defesa seguiu sem ser ouvida...

E a ele isso pareceu injusto, assim como muitas outras coisas que são escritas para os analfabetos ao longo da rodovia.

✳

Mas o vulto alto do andarilho se abateu e seus passos se tornaram incertos: no abandono, a velhice e seu desgaste chegaram prematuros.

Um dia, doente com uma dessas enfermidades tristes de velhos, que nem curada traz mais conforto, o andarilho caiu na beira da estrada.

Muçulmanos religiosos o encontraram e o levaram ao hospital. Ele aceitou, em silêncio.

Mas lá o homem dos horizontes amplos sofria com a opressão das paredes brancas, do espaço limitado...

E essa cama fofa demais lhe parecia menos macia e menos segura que a terra, a boa terra com que ele estava acostumado.

O tédio se apoderou dele, junto da nostalgia da estrada livre. Ele sentiu que, se ficasse ali, morreria triste, sem ao menos ter o consolo de ver as coisas com as quais seu olho estava habituado.

Com desdém entregaram-lhe seus trapos sórdidos... Mas ele não conseguiu caminhar por muito tempo e ficou recostado na cidade.

Um agente de polícia o abordou, oferecendo ajuda. O andarilho respondeu:

— Se você é muçulmano, me deixe aqui, por misericórdia... Quero morrer do lado de fora... de fora! Me deixe aqui.

E, com o respeito de sua raça pelos pobres e pelos loucos, o agente se afastou.

Então, na noite morna, o andarilho se arrastou para fora da cidade hostil e dormiu sobre a grama macia na margem de um *oued* que mal chegava a murmurar.

Na escuridão amiga, no grande vazio à sua volta, o andarilho desfrutou do relaxamento do descanso sem perturbação.

Depois, por se sentir mais forte, ele partiu de novo, sempre adiante, atravessando os campos e a pradaria.

✽

A noite chegava ao fim. Um lampejo pálido subia, delineando de preto as montanhas distantes de Cabília. Nas fazendas, o grito rouco dos galos chamava a luz.

O andarilho tinha dormido em um declive com grama que as primeiras chuvas do outono fizeram germinar.

Um frescor penetrante flutuava na brisa com odores sutis de lírio e cíclames invisíveis.

O andarilho estava muito fraco. Um grande langor invadia seus membros, mas a tosse que o agitara desde os primeiros frescores tinha se acalmado.

Era dia. Atrás das montanhas resplandecia uma aurora vermelha, que jogava linhas de sangue sobre o golfo calmo onde mal e mal fluíam alguns estremecimentos indecisos, tingindo a água de linhas douradas.

A névoa difusa encobria apenas com um bafejo disperso as encostas de Mustapha, e a paisagem se abria, grande, suave, serena. Sem linhas duras, sem oposição de cores. Um sorriso um pouco sensual e também triste pairava no torpor mal dissipado das coisas. E os membros do andarilho, entorpecidos.

Ele não sonhava com nada, sem desejos nem arrependimentos e, tranquilamente, na solidão da estrada, a vida sem complicações e entretanto misteriosa, que por tantos anos o movera, adormecia nele; e, sem exortações nem tisanas, a felicidade inefável de morrer.

Os primeiros raios do Sol quente, filtrados pelos véus úmidos dos eucaliptos, enfeitavam de ouro e púrpura as feições imóveis, os olhos fechados, os trapos esticados, os pés descalços e empoeirados e o longo cajado de oliveira; tudo isso que havia sido o andarilho, cuja alma insuspeitável foi exalada em um murmúrio de velho islamita resignado, em uma harmonia simples com a melancolia das coisas.

Horas de Túnis

Por dois meses, no verão de 1899, persegui meu sonho de velho Oriente esplendoroso e desolado nos antigos bairros brancos cheios de sombra e silêncio de Túnis.

Morava apenas com Khadidja, minha velha empregada moura, e meu cachorro preto, em uma casa turca muito grande e muito antiga, em um dos lugares mais retirados de Bab-Menara, quase no topo da colina...

Essa casa era um labirinto, organizada de um jeito misterioso, com um complexo de corredores e cômodos situados em diferentes níveis, decorada com as faianças multicoloridas de antigamente, com delicadas esculturas de gesso trabalhado como renda que corriam abaixo de tetos curvados de madeira pintada e dourada.

Aqui, na penumbra fresca, no silêncio que apenas o cântico melancólico dos *mueddine* vinha perturbar, os dias transcorriam deliciosamente lânguidos e com uma monotonia suave, sem tédio.

Durante as horas abafadas da sesta, no meu quarto amplo de faianças verde e rosa, Khadidja, agachada em um canto, desfiava uma a uma as contas pretas de seu rosário,* com uma movimentação rápida dos lábios sem cor. Deitado no chão em uma pose leonina, o focinho fino descansando nas patas poderosas, Dédalo observava com atenção o voo lento das poucas moscas... E eu, deitada na minha cama baixa, me entregava à volúpia de sonhar indefinidamente...

Foi um período de descanso, como uma pausa benéfica entre dois períodos aventurosos e quase angustiantes. As impressões que retive da minha vida lá também são suaves, melancólicas e um pouco vagas...

Atrás da minha casa, separada da rua por casas árabes habitadas e rudemente trancadas, havia uma pequena vizinhança obsoleta sem saída, toda em ruínas... Pedaços de parede, abóbadas, pequenos pátios, quartos escuros, terraços ainda de pé; tudo invadido por trepadeiras, heras e uma população urticante de flores e relva ávidas, uma cidade esquisita, não habitada havia anos. Ninguém parecia se preocupar com essas casas cujos moradores deviam estar todos mortos ou ter ido embora sem nunca mais voltar...

Entretanto, no silêncio místico das noites de lua, a casa mais próxima dentre essas residências em ruínas ganhava vida de um modo esquisito.

De uma das minhas janelas de grades trabalhadas conseguia lançar meu olhar no pequeno pátio interno. Os muros e dois cômodos dessa casa térrea tinham permanecido de pé. No meio, uma fonte com bacia de pedra toda lascada, mas ainda cheia de uma água límpida vinda de não sei onde, quase desaparecia sob a vegetação exuberante que tinha crescido ali.

---

* Em francês, *chapelet*, no entanto, entre os muçulmanos, eles rezam com um colar de contas chamado *masbaha*.

Eram arbustos enormes de jasmim, todos estrelados de flores brancas, entrelaçados a galhos flexíveis das trepadeiras, e roseiras semeavam o pavimento branco com pétalas violetas... Na tepidez das noites, uma fragrância quente subia desse canto de sombra e esquecimento.

E todos os meses, quando a Lua vinha clarear o sono das ruínas, eu podia assistir, meio escondida atrás de uma cortina leve, a um espetáculo que logo me seria familiar, que eu esperava na languidez dos dias — e que, no entanto, continuou a ser para mim um enigma... Talvez, aliás, todo o charme dessa lembrança resida nesse aspecto de mistério... Sem que eu jamais tenha sabido de onde ele vinha ou por onde entrava no pequeno pátio, um rapaz mouro, vestido de sedas tingidas de cores delicadas e um *burnous* fino, cor de neve, que lhe dava aspecto de uma aparição, vinha se sentar ali em uma pedra.

Ele era muito bonito e tinha a pele opaca e branca dos árabes citadinos, e também a distinção deles, um pouco indiferente.

Mas seu rosto trazia impressa uma tristeza profunda.

Ele sentava ali sempre no mesmo lugar, e, com o olhar perdido no infinito azul da noite, cantava com melodias antigas reveladas sob o céu da Andaluzia, cantilenas harmoniosas. Lenta e tranquilamente, sua voz se erguia no silêncio, como um lamento ou uma invocação...

... Ele parecia preferir esse cântico em especial, o mais suave e mais triste de todos: "O pesar perene envolve minha alma, como a noite envolve as coisas e as apaga. A dor envolve meu coração e o enche de angústia, como o túmulo envolve os corpos e os aniquila. Para minha tristeza não há remédio, apenas a morte sem retorno... Mas se, depois, minha alma acorda para uma outra vida, ainda que do Éden, minha tristeza nela renascerá".

Que tristeza incurável era essa, cujo poder o desconhecido cantava? — O cantor peculiar nunca dizia.

Mas sua voz era pura e modulada, e nunca outra me transmitira assim, de forma tão cabal, o fascínio secreto e indefinível dessa música árabe de antigamente que deleitou, antes da minha, muitas outras almas tristes.

Às vezes o rapaz mouro trazia uma pequena flauta sussurrante dos pastores e cameleiros beduínos, o caniço leve que parece guardar, em suas melodias, algo do sussurro cristalino dos córregos onde ele brota.

Por muito tempo, no silêncio das horas tardias, quando tudo dormia na Túnis muçulmana, na euforia dos perfumes, o desconhecido assim destilava melancolias e suspiros. Depois ele ia embora como havia chegado, sem barulho, sempre com sua aparência de fantasma, regressando para a sombra dos dois pequenos cômodos, que deviam dar acesso às outras ruínas...

Khadidja, antiga escrava, vivera durante quarenta anos nas mais ilustres famílias de Túnis e embalara sobre os joelhos diversas gerações de rapazes. Uma noite eu a chamei e lhe mostrei o músico noturno. A velha supersticiosa balançou a cabeça:

— Não o conheço... E olha que eu conheço todos esses moços das grandes famílias da cidade...

Depois, mais baixo, tremendo, ela acrescentou:

— Sabe Deus, inclusive, se é mesmo alguém vivo. Não seria apenas a sombra de um dos moradores de outros tempos, e essa música, um sonho, um encantamento?

Conhecendo o caráter dessa raça, para quem é um insulto qualquer pergunta sobre sua vida privada, sobre suas idas e vindas, nunca ousei interpelar o desconhecido, com medo de fazê-lo fugir para sempre de seu esconderijo...

No entanto, uma noite, esperei por muito tempo em vão. Ele nunca mais voltou. Embora o som da voz dele e o sussurro suave de sua flauta muitas vezes me levem de volta às horas lunares. E às vezes experimento uma espécie de angústia indefinível ao pensar que nunca saberei quem ele era e por que vinha ali.

Bem no alto, perto da casbá descaracterizada e das casernas, há um lugar charmoso, marcado por uma tristeza particular e bastante oriental. Trata-se de Bab el Gorjani.

Primeiro, em um terreno um pouco elevado acima da rua, da qual ele é separado apenas por um velho muro cinza, um cemitério antigo, onde ninguém mais é enterrado e os túmulos desaparecem debaixo do amontoado de plantas secas, roseiras, na sombra centenária das figueiras e dos ciprestes pretos.

Na Tunísia, o acesso às mesquitas e aos cemitérios corânicos é permitido apenas aos muçulmanos.

Assim, como aquelas sepulturas são muito antigas e por ali não passa nenhum curioso, ninguém vem perturbar os mortos esquecidos de Bab el Gorjani, apenas o chamado dos *mueddine* e o das cornetas dos zuavos os alcançam, de todos os barulhos de Túnis, que se espalha numa descida suave até o espelho imóvel de seu lago.

Sempre adorei deambular segundo o costume igualitário dos beduínos em cemitérios muçulmanos, onde tudo é pacato e resignado, onde nada que torna os da Europa lúgubres vem desvirtuar a majestade do lugar. E todas as noites eu ia sozinha e a pé até Bab el Gorjani.

Na hora escolhida do *magh'reb*, quando o Sol vai desaparecer no horizonte, os túmulos cinza se revestem das mais esplêndidas cores, e os raios oblíquos do dia chegando ao fim escorregam, em linhas rosa, sobre esse canto de indiferença augusta e de esquecimento definitivo...

Mais longe, passa-se pelo portão que dá nome a essa vizinhança e chega-se a uma estrada coberta de pó que, para o Oeste, desce pelo vale estreito do Bardo e, para o Leste, vai dar no grande cemitério marabuto de Sidi Bel-Hassène, que domina o lago El Bahira.

Essa estrada passa pelo cume da colina baixa de Túnis, abrupta e deserta nessa encosta...

O Sol está muito baixo. O *djebel* Zaguã se torna iridescente, com tonalidades pálidas, e parece se fundir com o incêndio ilimitado do céu.

O disco enorme e sem raios desce lentamente, rodeado por leves vapores violeta-púrpura.

Lá embaixo, na ampla planície, estende-se o *chott* Seldjoumi, ressecado pelo verão, e sua superfície lisa, de um castanho violáceo, onde apenas algumas salinas eflorescentes desprendem manchas brancas, ganha sob essa iluminação maravilhosa aspectos enganosos de mar vivo, de uma profundidade de abismo.

Ao pé da colina, nas margens do *chott*, foram plantados eucaliptos perfumados para combater os miasmas das águas estagnadas e com salitre. E essa fileira múltipla de árvores, de folhagens azuladas muito pálidas, é uma coroa de prata cravada na planície maldita, onde nada brota, onde nada vive.

Redescobri aqui algumas impressões antigas, recolhidas na região dos grandes *chott* saarianos, lugar de visões.

Os últimos lampejos do dia projetam longas linhas de sangue no *chott* deserto, nos eucaliptos realmente azuis agora, nos rochedos avermelhados e no muro cinza. Depois, bruscamente, tudo se apaga, como se as portas do horizonte tivessem sido fechadas, e tudo se abisma em uma névoa azulada que sobe rastejando em direção ao muro e à cidade.

Já se repetiu à exaustão que toda essa beleza cambiante destas terras africanas reside nos jogos prodigiosos da luz sobre os lugares monótonos e os horizontes vazios.

Foram sem dúvida esses jogos, essas auroras iridescentes, deliciosas, e essas noites de púrpura e ouro que outrora inspiraram aos narradores e poetas árabes suas histórias e seus cânticos.

Debaixo do portão de Bab el Gorjani, todos os dias, um velho cego vem se sentar, vestido de trapos cinza. Na noite eterna de sua cegueira, ele repete indefinidamente sua ladainha de miséria, implorando aos raros crentes que passam ali, em nome de Sidi bel-Hassène-Chadli, o grande *marabout* tunisiano.

Muitas vezes parei diante desses velhos mendigos do Islã, cegos e caducos, me perguntando se havia ainda almas e pensamentos por detrás dessas máscaras emaciadas, por detrás do espelho baço de seus olhos apagados... Estranha existência de indiferença e de silêncio desolador, tão distante dos homens que, no entanto, vivem e se movem ao seu redor!

Aqui vagueiam também, às vezes, no cair da noite, criaturas em trapos, sórdidas e inomináveis, judias do Hara ou sicilianas da "Sicília *serira*" (pequena Sicília), vizinhanças perigosas e mal afamadas próximas ao porto.

O que os traz aqui são as casernas. Pedintes e eventualmente prostituídas, elas chegam na hora da sopa e depois, ao longo das paredes e nos recônditos escuros, esperam a saída dos soldados...

Bab el Gorjani continua a ser, não obstante, um dos lugares mais desertos e mais deliciosamente pacatos de Túnis...

Numa noite quente de agosto, quando o calor abafado da tempestade flutuava no ar, sem encontrar o sono eu saí e perambulei, sonhando, pelo dédalo de ruas árabes, onde a vida acaba com o dia.

Um pouco antes do nascer do Sol, fui dar na vizinhança do Morkad, onde permitiram que sobrevivessem, com a grande despreocupação da raça árabe, algumas ruas abandonadas e em ruínas, a dois passos do *souk* el-Hadjemine, por onde, de dia, toda uma humanidade abunda e circula.

Cansada de errar assim sem propósito, me sentei sobre uma pilha de escombros, aguardando o dia.

A escuridão mais profunda de antes da aurora envolvia os arredores, mas, a Leste, as varandas planas das casas começavam a se desenhar em preto no horizonte de um cinza esverdeado mal distinguível.

A mesquita de El Morkad e seu minarete quadrado, bem próximos, pareciam tão desertos quanto as ruínas circundantes...

De repente, acima da minha cabeça, uma persiana de madeira se abriu e bateu violentamente contra a parede... Um jato de luz avermelhada escorregou ao longo do muro e veio ensanguentar o pavimento... Era o *mueddine* que levantava.

No mesmo instante, como se ainda em sonho, lentamente, num ar ainda muito triste e muito agradável, ele começou seu chamado.

Sua voz jovem e perfeitamente modulada parecia descer de muito alto, planar no silêncio da cidade adormecida.

"Deus é o maior! *Allahu Akbar*!", bradou o *mueddine*, abrindo sucessivamente as quatro janelinhas do minarete.

De longe outras vozes lhe responderam, enquanto, num jardim vizinho, pássaros despertaram e começaram, eles também, seu hino de ação de graças à origem de todas as vidas e todas as luzes.

"Rezar é melhor que dormir!"

A voz onírica, firmada pouco a pouco, lançou essa última frase, muito alto, imperiosamente... Depois, cada uma a sua vez, as quatro persianas de madeira se fecharam novamente, com o mesmo estalo seco.

Tudo recaiu em sombra e silêncio, e uma brisa fresca, vinda do alto-mar, passou sobre a cidade.

✴

... Tranquilamente, sem pressa, o bote delgado deslizava sobre a água mais pura e mais salgada do canal, entre as margens baixas e avermelhadas que o separam do lago. Nós vamos em direção ao alto-mar, que ao longe fecha o horizonte com uma linha escura.

Vamos sempre na radiação rosa da tarde e na água tranquila, na água tenra do lago que dorme: o bote não balança.

À direita, na colina ocre e vermelha, semeada de túmulos muito brancos e jardins de um verde profundo, levanta-se a residência marabutista clara de Sidi Bel-Hassène e, mais longe, afogado em vapores violáceos, o velho forte dentado, tão robusto.

O grande monte Bou-Karnine traça seus dois picos gêmeos, de um azul-escuro, já nebulosos pela noite que nasce.

Depois, mais longe, as casinhas brancas de Radès são refletidas na água viva do verdadeiro mar livre.

E, à esquerda, delineando-se na conflagração do céu, a colina augusta onde foi Cartago...

Sonhadora, olho essa faixa de terra, esse espigão que avança em direção ao largo, onde outrora se desenrolou uma das páginas mais desoladoramente renomadas da história... Esse pedaço de terra em nome do qual tanto sangue foi derramado.

Os monastérios brancos que tentam evocar as lembranças da Cartago bizantina, da Cartago bastarda dos séculos de decadência, desaparecem na radiação ocidental, e a coluna púnica parece deserta e nua.

E eis que todas as imagens esplêndidas do passado brotam dessa resplandecência vermelha e repovoam a colina triste... Os palácios dos sufetes, os templos das divindades sombrias, o fausto e as pompas dos bárbaros, toda essa civilização fenícia egoísta e feroz, vinda da Ásia para se desenvolver e se glorificar ainda mais na terra ríspida e abrasadora da África.

Mas eis que, de repente, mal tendo o Sol desaparecido no horizonte, as vozes solenes dos *mueddine* chegam a mim, vindas de mesquitas distantes. E toda a Cartago do meu sonho, tecida de ideais e reflexos, se dissipa, se extingue, com os lampejos de apoteose da tarde agonizante.

Reminiscências

Com as estrelas de El Oued, você treme ainda no meu coração, olhares sedutores e úmidos de faróis do grande navio que me carrega em direção à terra africana...

Durante algumas semanas retornei à vida de Marselha. Vim com muita frequência a essa grande cidade de partidas. Sempre um destino contrário parecia me perseguir e me impedir de vê-la como adoro ver as cidades por onde passo, sonhando, devagar e sozinha, ao longo das paredes dos cais e das praças, vestida com trajes emprestados, escolhidos de acordo com os lugares ou as circunstâncias.

Com trajes corretos de mocinha europeia eu jamais teria visto coisa alguma, o mundo teria se fechado para mim, pois a vida exterior parece ter sido feita para o homem, e não para a mulher. Não obstante, adoro mergulhar no banho da vida popular, sentir as ondas da multidão fluírem sobre mim, me impregnar dos fluidos do povo. Somente assim possuo uma cidade e dela conheço aquilo que o turista nunca entenderá, apesar de todas as explicações de seus guias.

Sempre precisei circular febrilmente por todas essas ruas fervilhantes, o espírito em outro lugar, ocupado de coisas entediantes; depois, de repente, deixando atrás de mim a Marselha desconhecida, quase quimérica, eu embarcava para outros portos, para outros países: ia buscar o silêncio e o esquecimento em cidades adormecidas da terra barbaresca, ou o sonho alegre de um rosto nas cidades perfeitas da Itália, e tempos mortos nessa estranha Sardenha...

Desta vez, por um acaso favorável, retornei livre, a alma quase em paz, o espírito quase desocupado, e pude enfim penetrar Marselha, perceber sua sensação, sua excitação muito especial de um exotismo complexo, seus perfumes de asfalto, água do mar e laranja.

Em julho de 1900 viajei de novo para a Argélia, me vejo no mar e essa impressão do espaço se soma àquela do deserto, que se instala tão voluptuosa em mim, nessas primeiras noites esmagadoras de reencontro com o Saara: assim eu ainda existo, distante, daquela que fui ontem.

... Lentamente o Sol do verão desaparece ao longe, em pleno mar, nas águas tranquilas. As pedras brancas se tornam rosas, e a Nossa Senhora da Guarda, na colina árida, de repente reluz com um brilho quase sobrenatural.

Marselha, a cidade das despedidas, é incomparável nessas noites que transbordam um licor dourado. Na água trêmula, serpentes de fogo correm fugitivas e escorregadias, um vento tépido acaricia tranquilamente as casas, os navios e a água, enquanto, no horizonte, no resplandecer impreciso do alto-mar, se cumpre, como um drama, o naufrágio do Sol.

O grito enferrujado dos cabrestantes sobre as âncoras suscita minhas lembranças pesadas; os flancos do navio tremeram...

Agora é minha vez de encostar na amurada e sonhar, em uma melancolia resignada, com o mistério insondável dos próximos dias e dos desfechos, com essas coisas fugidias que cercam e determinam os destinos. Sinto que, da maneira que algumas almas se prendem à terra natal pelo exílio e com um amor que, quanto mais profundo, menor torna a esperança do retorno, eu comecei a amar essa última cidade da Europa, sobretudo seus portos — e assim sua silhueta querida fica gravada com um traço comovido entre minhas visões de errante e solitária.

... Mas eis que no horizonte o mar escurece. O Sol desapareceu, o incêndio do poente acaba de se apagar em sombras violetas. Espumas pálidas aparecem e correm sobre a crista pálida das lâminas escavadas; ondulações longas começam a passar pela superfície ainda calma do mar: o tempo vai piorar...

O navio partiu. Marselha desapareceu no horizonte, com suas pedras e ilhas brancas — vá embora, velho navio, me leve!

Aprendi esta frase com um marinheiro, que a falou com um tom ao mesmo tempo resignado e sentencioso: "No mar há apenas loucos e pobres...".

Claro, aqueles que ele chamava de pobres são os verdadeiros marinheiros, submetidos ao perigo perpétuo e à mais dura das vidas. Quanto aos "loucos", são todos os sonhadores e inquietos, todos os apaixonados pela quimera, todos aqueles que, como nós, "se lançam ao mar para ir embora", os emigrantes e os esperançosos.

Para além de todos os mares, existe um continente; no fim de cada viagem, há um porto ou um naufrágio...

Insensível e tranquilamente, a esperança leva ao sepulcro. Mas o que importa! Amanhã o Sol imenso vai levantar de novo, o mar vestirá suas cores mais cintilantes e os portos resplandecerão sempre.

Lembranças do Sahel tunisiano

O Sahel tunisiano é um imenso platô elevado e fértil, abundantemente provido de nascentes e poços, que desfruta, sobretudo no litoral, de um clima bem menos quente que o da Tunísia e muito mais saudável. Em todo o Sahel, no entanto, há apenas um riacho, pobre córrego africano chamado *oued* Zeroud, que nasce nas paragens elevadas de Tebessa, na Argélia, atravessa toda a extensão da Tunísia e vai desembocar no lago Kelbia, perto de Susa.

As cidades principais são Hammamet, que nomeou o golfo que banha a costa saheliana, Cairuão, cidade santa na história da conquista muçulmana e onde se fabricam tapetes magníficos, Susa, Monastir, El Djem e Sfax.

Todas estas últimas cidades são habitadas por agricultores e fabricantes de óleos. Os óleos de Susa e sobretudo os de Monastir são muito procurados.

Em Susa e Monastir, há ainda grandes pescarias locais de atum.

No Sahel, no meio da planície, há aqui e ali colinas sobrepujadas por platôs. Visto do alto, o país se mostra como uma floresta ininterrupta de oliveiras magníficas e robustas, divididas em jardins por sebes de figueiras-da-índia.

O ar do Sahel, mesmo no verão, é límpido e puro. Grandes ventos do Norte e do Leste vêm dissipar um pouco o calor.

Em Kalaâ-Srira, última estação antes de Susa, os trilhos que até ali subiam, elevando-se para as alturas do Sahel, descem bruscamente, num declive muito rápido, em direção a Susa, construída como todas as cidades do Oriente na encosta de uma colina, no meio dos olivais profundos.

Desde o acesso à estação, situada quase fora da cidade, um cheiro forte de azeitonas maceradas vem a mim, um cheiro aromático e insosso, que com o tempo cansa e nauseia.

Chego aqui, como em todos os países muçulmanos, usando o traje árabe, o rico traje dos tunisianos citadinos.

Em Susa ninguém conhece minha personalidade verdadeira, nem mesmo o único amigo que tenho lá, o tenente dos fuzileiros locais, Abd el Halim Elrarby.

O tenente Elrarby, ainda que filho do povo, é um homem instruído e distinto, conhecido em toda a Regência* por seu caráter enérgico e até violento.

Há alguns anos, Elrarby, ainda sargento — todos os oficiais locais saem de suas fileiras — matou com um golpe de canivete em pleno coração um homem que o atacava, armado com um revólver, secundado por uma meia dúzia de outros malfeitores... Elrarby sustentou e repeliu assim essa agressão, que teve lugar em um café cantante** de Túnis. Depois de quatro meses de prisão preventiva, o sargento, cujo caso era de legítima defesa, se beneficiou de um arquivamento do processo... Essa aventura lhe valeu respeito e temor por parte não apenas dos muçulmanos, mas também dos franceses.

---

* Entre 1705 e 1881, a Regência da Tunísia era o regime político oficial até a instauração do protetorado francês.

** Também chamado de café concerto, é um tipo de estabelecimento musical associado à *Belle Époque* francesa, que foi levado para as suas colônias no Norte da África.

Ele não é benquisto por seus chefes europeus, que, sabendo ser ele um bode expiatório, como se diz no regimento, são obrigados a contar com ele.

Abd el Halim está no cais da estação, e me espera.

— Seja bem-vindo, Sidi* Mahmoud — ele me diz, e, segundo o costume muçulmano, trocamos um abraço fraterno... Ele nem imagina que sou mulher!

Desço no hotel do Sahel, situado na parte europeia da cidade, edificada entre dois velhos muros mouros e a praia arenosa...

Depois de um jantar rápido juntos, na sala de refeições cheia de oficiais franceses com quem Abd el Halim troca apenas um frio cumprimento habitual, nós subimos ao terceiro andar.

Meu quarto dá para uma varanda ampla de pedra de onde se vê o mar, de um lado, e, do outro, os muros imaculados e o monte branco da cidade nativa se erguendo como um anfiteatro...

Colocamos uma coberta e almofadas no chão, ao modo árabe, e nos recostamos. Abd el Halim é de natureza silenciosa. Fumamos e mergulhamos nesse doce devaneio árabe, próximo de uma sonolência um pouco melancólica.

Primeiro mergulhamos na sombra... Nós víamos apenas as luzes da cidade... Ao longe, entre as estrelas, aparecia na direção sudeste o farol de luz fixa de Monastir, situado em um cabo e fazendo face a Susa, depois, ainda mais longe, na direção leste, o das ilhas Koudiati.

Mais longe, na direção do alto-mar, ao oriente, um vago fulgor começa a apontar, uma espécie de aurora discreta e pálida...

É a Lua cheia que parece que vai logo emergir das águas.

Então a superfície pouco enrugada do mar ganha reflexos primeiro cor de prata, depois róseos, de um improvável rosa

---

* Em árabe, assim como "Si", modo de tratamento respeitoso similar a "senhor", "meu senhor".

dourado. Sobre o fundo preto dos abismos, isso oscila, vibra, vive como uma delicada trama metálica que agita lentamente uma respiração poderosa.

A Lua sobe, sobe, inunda o céu e o mar de um fulgor opalino. As estrelas empalidecem e parecem se extinguir.

E eis que o fantasma branco de Susa surge da sombra, azulado, quase translúcido...

Seus minaretes, suas torres e seus muros ameados parecem arabescos brancos desenhados em branco azulado sobre o fundo ainda escuro do céu ocidental.

Ao longe, cornetas militares lançam a nota clara e vibrante do chamado...

Depois tudo recai no silêncio...

— Eu não sei — me diz Abd el Halim — para onde minha alma voa nessas ocasiões. Não sei a que eu aspiro irresistivelmente, pelo que meu coração suspira... Eu gostaria de estar longe, em países desconhecidos...

Eu também gostaria de voar para longe, para essas regiões do desconhecido charmoso e misterioso que a alma sonhadora desse filho de uma raça nômade, raça de pastores e rapsodos improvisadores, sente.

Eu também gostaria, nessas horas abençoadas em que a Natureza nos revela seus esplendores mais embriagantes, abandonar a vida monótona e triste da terra...

Abd el Halim recebeu uma educação francesa. Frequentou um colégio, leu livros europeus... Mas a vida rude dos campos, colocando-o longe dos meios viciados das grandes cidades do litoral, o preservou da decrepitude prematura à qual parecem condenados todos os muçulmanos europeizados.

Ele manteve essa disposição de espírito poética e sonhadora, esse gosto pelo mágico e misterioso, que caracteriza a verdadeira alma árabe.

Essa sociedade com ele será preciosa para mim aqui, se eu ficar por algum tempo... o que, aliás, não é muito provável.

— Amanhã — me diz ele — venha comer comigo no acampamento dos *tirailleurs*,* ali, bem no alto, atrás dos grandes cemitérios muçulmanos. Você vai ver como é a minha vida!

Para um árabe, por mais pobre que seja, a hospitalidade não é um dever religioso que realiza de mau grado, e sim uma fé, uma honra, e a chegada de um hóspede é sempre considerada um acontecimento feliz.

Nós nos despedimos por volta de meia-noite.

Como sempre, quando em uma cidade nova, uma torrente de pensamentos, lembranças e visões me invade, e o sono chega apenas bem tarde, perto do amanhecer, muito depois de o *mueddine* da mesquita mais próxima terminar seu chamado para a oração.

Ao longo de minhas peregrinações na Tunísia, pude constatar mais uma vez o quão vazias são as belas frases sonoras com que a política reveste e justifica todas as suas ações tão interesseiras quanto egoístas.

Na realidade, não é todo dia que se leem clichês como estes: "O trabalho civilizatório e pacificador da França na África", "Os benefícios da civilização oferecidos aos nativos de nossas colônias" etc. etc.

É assim, incontestavelmente, que toda a França honesta apresenta sua missão nos países conquistados ou sob sua tutela, o que é a exata mesma coisa.

Mas, ainda bem, não é assim que escuta a maioria daqueles que a Mãe Pátria envia para longe para serem instrumento desse trabalho fecundo com que ela sonha.

---

* Soldados locais recrutados para a infantaria francesa.

Na Tunísia, em particular, o protetorado é apenas um eufemismo que disfarça uma anexação completa, surgida ademais de uma necessidade absoluta.

Infelizmente, a força de uma palavra às vezes é tal que os tunisianos sentem de modo muito intenso o mal provocado pela autoridade fantasmática do bei, que ainda subsiste: todos os funcionários públicos que não cumprem sua missão respondem às críticas que a opinião pública faz a eles: "Não somos nós, é o bei. Não podemos fazer nada sem ele".

Assim, o bei Aly, um velho sem utilidade alguma, serve de anteparo para homens pouco escrupulosos.

Com a ajuda de circunstâncias fortuitas singularmente favoráveis, pude ver como são cobradas as dívidas fiscais e como os processos judiciais são conduzidos. Bem, digo que ambas as coisas são praticadas da maneira mais revoltante e mais bárbara, e não raro, mas sempre, com o conhecimento da maioria dos funcionários públicos franceses, civis ou militares encarregados de fiscalizar os funcionários públicos locais.

Além disso, atualmente em todos os territórios de *caïds* da Tunísia, os vice-governadores ou califas são escolhidos entre os jovens oriundos de escolas francesas e eles servem de intermediários morais entre os fiscais civis, os oficiais administrativos árabes e os *caïds*.

Não são, portanto, vestígios ainda não reprimidos da famosa "barbárie" muçulmana que pretendo relatar adiante, e sim os resultados das ordens, conselhos e exemplos oferecidos pelas autoridades para os homens que entendem de modo bastante singular sua missão pacificadora.

Na Tunísia, longe dos grandes centros, assim como nas localidades ao sul da Argélia, o cassetete reina imperioso, em seu auge.

Os xeques das tribos, subordinados aos *caïds* e a seus califas, são sempre escolhidos entre os mais ricos e consequentemente mais aptos a oferecer presentes opulentos, que lhes são ressarcidos por meio da exploração feroz de quem eles governam.

São eles que montam as listas dos contribuintes e informam às autoridades os crimes e delitos cometidos em suas tribos. Aqui também dominam o favoritismo e a veleidade mais petulantes.

Vi tribos inteiras de um dos territórios de *caïds* do Sahel (do lado oriental) reclamarem, por unanimidade, de seu xeque, a quem eles haviam pagado o imposto pessoal, a *medjba* — cerca de vinte e dois francos por homem em jejum no mês do Ramadã —, de que são dispensados apenas os habitantes de Túnis e Susa.

Hadjerath-M'Guil

Uma estação, fortificação isolada entre rochas despedaçadas.

A mil e quinhentos metros, um reduto feito de *toub*, sobressaindo entre alguns casebres de madeira, na rampa de um rochedo aos pés dos últimos contrafortes do *djebel* Beni-Smir.

Um *oued* invadido por alfas e oleandros, algumas palmeiras dispersas. Para além do reduto, na margem do *oued*, dois pequenos túmulos franceses.

Um deles já com três anos, o outro bastante recente, onde começam a perder a cor algumas pobres coroas: a do brigadeiro de *spahis* Marschall, morto há um mês no vale de Chaabeth-Hamra, no Beni-Smir, quando perseguia um *djich*.

Esses dois túmulos de soldados têm um aspecto de abandono e tristeza infinita, com suas cruzes de madeira escura, solitários, deslocados em meio ao imenso cenário acre do deserto.

Na estação, onde desembarquei ao acaso, sem ao menos saber a direção do reduto para o qual ia, encontro um beduíno muito moreno, com a bela fisionomia árabe dos Planaltos Elevados, retirando do trem uma sela e um arreio de cavalo. Apesar de seus véus brancos, com facilidade percebo que ele é um soldado, *spahi* à paisana ou *mokhazni*.

É a ele que me dirijo, pois me inspira confiança. Conto uma história para explicar minha identidade e minha presença ali e logo nos tornamos colegas, devido à sociabilidade boa e simples dos muçulmanos.

Taïeb ould Slimène, da tribo dos Rzaina de Saida, saiu dos *spahis* e se alistou no *makhzen* de Taghit. Hoje mesmo vai a Oued Dermel para comprar sua montaria.

— Se quiser, venha comigo, vamos tomar café junto aos meus antigos colegas, no reduto. Lá você faz o que veio fazer, depois vamos dormir em Oued Dermel, se você conseguir caminhar. Amanhã nos entregam cavalos e retornamos para cá, para o trem do Sul.

Esse homem está certo, e eu aceito.

Partimos, primeiro sobre a linha férrea e depois em uma trilha esburacada.

No reduto, acontece uma cena cômica.

O oficial de serviço, um capitão da legião, me olha, estupefato. Ele não consegue entender de jeito nenhum a relação entre minha carteira de jornalista mulher e o jovem árabe que a porta. Acabamos por nos explicar.

É impossível entrevistar os legionários sem uma autorização superior. Resumindo, isso não me desanima e vou com Taïeb me juntar aos *spahis*.

Fica sob uma caserna comprida de madeira e taipa, com colchões de palha no chão. Os cavaleiros, em roupas de algodão, cintos vermelhos, rodeiam alegremente o jovem liberado e, como é ele que me leva até lá, também fazem festa para mim.

Rapidamente estendem colchas e nos fazem sentar. Então, depois das longas mesuras árabes, dos desejos reiterados, nos oferecem quatro ou cinco canecas de café, um suco claro e inodoro que parece com o chá de alcaçuz do hospital.

No entanto, não nos atrevemos a recusar todo esse café oferecido com tamanha gentileza... E também já havíamos bebido tantos cafés piores que aquele!

Não ficamos lá por muito tempo, apesar dos *spahis*, que queriam que ficássemos para dormir.

Na zauia

Nós nos aproximamos novamente do *oued* cujas margens são cobertas por jardins, sempre do mesmo verde, quase de maneira inverossímil, de tão frescos e prazenteiros que são.

Sobre uma espécie de eira bastante uniforme, algumas casas feita de *toub*: é ainda um retiro dos *tolba*, dependente, como os jardins, da zauia de El-Hamel.

El-Hamel, nome poético que significa "o que se perdeu" e que combina muito bem com esse lugar selvagem e grandioso, de fato perdido em um vale fechado por um lado e aberto por outro, na direção do *oued*, para um horizonte vasto e azul.

E a zauia aparece para nós na altura: dois corpos grandes de um edifício, um muito branco, de aspecto europeu, e outro feito de *toub* muito claro, com poucas aberturas estreitas.

Abaixo dela, uma aglomeração de casas de barro, depois o vilarejo da tribo dos Chrofa, um conjunto pitoresco de casas de aspecto deteriorado, como todas essas construções de *toub*.

Ainda mais abaixo, um mar de vegetação sobrepujada por tamareiras, como um dossel esplêndido.

Tudo isso se desenha com bastante nitidez, bastante delicadeza nas tonalidades indefiníveis da colina, no ar puro da montanha. Este lugar tem um aspecto particular, próprio dele, que não remete nem ao do Saara, nem à da paisagem comum nos Planaltos Elevados.

... Adormeço imediatamente sobre um tapete, em um quarto pequeno feito de *toub*, muito pobre e muito simples, que é a residência de Si Abou Bekr, enquanto um vaivém alegre nos deseja boas-vindas.

Ao acordar, encontro ali conversas tranquilas, secretas e educadas que fazem as longas horas dos dias, sempre parecidas, passarem em toda parte onde a grande despreocupação islâmica, intacta, não foi tocada pela agitação europeia aniquiladora.

Aqui, neste lugar perdido, onde o ambiente é grandioso e simples, os barulhos de nossas lutas implacáveis e inúteis vêm morrer no grande silêncio imutável, e é perceptível que os assuntos cotidianos, sempre os mesmos, são apenas incidentes.

Para viver com esses homens circunspectos e abaladiços, é preciso ter apreendido suas ideias, tê-las tomado para si, tê-las purificado retomando sua fonte antiga... Então a vida é fácil, muito tranquilizadora, nesse mundo de *burnous* e turbantes, para sempre fechado à observação do turista, por mais cuidadoso e inteligente que ele seja.

Falar pouco, escutar bastante, não se abrir: são essas as regras a serem seguidas para agradar nos meios árabes do Sul, e para ficar à vontade ali...

Depois de ter atravessado diversos vestíbulos e pátios amplos e escuros, entramos em um grande pátio interno, fechado por muros muito altos e velhos de *toub* amarronzado. No centro dele, cresce uma figueira jovem, que em poucos anos fará sombra neste lugar em que reina um grande silêncio. Nesse pátio vimos uma espécie de cama, uma grande laje lustrada, apoiada em quatro suportes de pedra: é ali que jazia o defunto *marabout*, Sidi Mohammed Belkassem.

✳

Num canto, perto da porta dos apartamentos internos, uma mulher com traje de Bou-Saâda, branco e muito simples, está sentada sobre uma espécie de uma escadaria de pedra. Seu rosto bronzeado pelo Sol, pois ela viaja muito pela região, é enrugado. Ela tem perto de cinquenta anos. Nas ameixas pretas de seus olhos de olhar muito doce queima a chama da inteligência, como se velada por uma grande tristeza. Tudo em sua voz, em seus modos e na recepção aos peregrinos faz sua grande simplicidade transparecer. É Lèlla Zeyneb, filha e herdeira de Sidi Mohammed Belkassem.

Sem descendentes homens, depois de sua morte o *marabout* designou como sucessora a única filha, que ele tinha educado em árabe como o melhor dos *tolba*. Ele possibilitou que sua filha tivesse um papel bastante diferente daquele que geralmente é atribuído à mulher árabe, é ela hoje quem dirige a zauia e os *khouan*, afiliados da confraria.

As zauias não são, como afirmam determinados autores que só as conhecem de nome, "escolas de fanatismo". Além da instrução muçulmana, as zauias oferecem os favores de sua caridade a milhares de pobres, órfãos, viúvas e doentes que, sem elas, estariam sem abrigo, sem socorro.

Mais que qualquer outra, a zauia de Lèlla Zeyneb é um refúgio para os necessitados que acorrem ali oriundos de todos os lugares.

Lèlla Zeyneb, acometida por uma doença dolorosa na garganta, luta corajosamente contra todos os inimigos que certas invejas suscitam e continua sua obra de devoção e abnegação.

... Meu caso, meu estilo de vida e minha história despertam vivo interesse na *maraboute*. Depois de escutar tudo, ela me aprova e garante sua amizade para sempre. No entanto, ela de repente se entristece e vejo lágrimas em seus olhos.

— Minha filha... dediquei minha vida toda a fazer o bem nos caminhos de Deus... E os homens não reconhecem o bem que lhes faço. Muitos me odeiam e me invejam. Entretanto, renunciei a tudo: nunca me casei, não tenho família nem alegria...

Percebo que estou ficando triste diante dessa dor injusta, escondida há anos, talvez, e que vem à tona apenas na presença de uma outra mulher cujo destino também se afastou bastante do comum.

Uma tosse rouca sacode de tempos em tempos o peito de Lèlla Zeyneb... Percebo que está muito doente, infelizmente, essa mulher que está aqui para velar a grande família, rica em infortúnios, que se amontoa ao redor dela. E o que será da benfazeja zauia no dia, sem dúvida próximo, em que Lèlla Zeyneb morrer?

Essa mulher, uma personalidade, vivendo no celibato e desempenhando um grande papel religioso, talvez seja única no Ocidente muçulmano e com certeza mereceria ser estudada melhor do que consegui durante uma estadia rápida demais na zauia...

... Passo a noite sozinha em um amplo cômodo abobadado. O vento da montanha sacode com violência as persianas das janelas. Chove e geme no vale e entre os túmulos do cemitério próximo.

... Uma voz de sonho, melancólica e de uma doçura infinita, me acorda ao amanhecer.

— Ele é Deus, o único, Deus, o absoluto... Jamais gerou ou foi gerado... E ninguém é comparável a ele! —* canta a voz lentamente, lentamente...

Eu me levanto, sonhando com tristeza que é o último dia, e me aproximo da janela: embaixo, um velho passeia, recitando versículos do Livro num ar de antigamente.

Eu me despedi de Lèlla Zeyneb e deixei a zauia de El-Hamel...

Em Bou-Saâda, subo em uma carroça horrível, abarrotada de judeus, que vai a Aumale cruzando 130 quilômetros de sulcos e solavancos.

De início, é das areias vermelhas, dos tamarindos dispersos, de um horizonte vasto e vazio, que parece o do Saara, de que me afasto mais uma vez.

As primeiras paradas ainda têm aspectos conhecidos e adorados: *bordj* deteriorados, palmeiras agrupadas nos baixios. Depois tudo muda. Subimos em direção aos Planaltos Elevados, a paisagem se torna rigorosa e triste, de uma tristeza de que não gosto. Acabou...

Esse sonho de sete dias se esvoaçou, depois de tantos outros, e quase me pergunto se foi mesmo verdade, se todo esse mundo encantado e fugidio não é um sonho, se essa Bou-Saâda e essa zauia, essa *maraboute* de véus brancos, se tudo isso não saiu da minha imaginação nostálgica.

Como vou sentir falta de Bou-Saâda, sua luz incomparável, seu fervilhar tão quente e pitoresco!

Pouco tempo depois viajei para a aborrecida Ténès, onde morei longos meses próximo dos *fellah* de Tell. Aqui pude estudar com atenção as relações entre locais e colonos... O camponês árabe tem a paciência de um mujique. O colono é, na maioria das vezes, um homem bom que não entende seu vizinho.

* Corão, Surata 112.

Fui muitas vezes para Argel e lá escrevi. Num dia de chuva, encontrei Abou Bekr debaixo das arcadas.

— Você não vai mais lá nos visitar?... As árvores estão começando a florir... a *maraboute* fala com frequência de você...

E dois dias depois eu estava de novo a caminho de Bou-Saâda, contente e feliz, apesar do frio da estação, como se fosse colher flores no jardim.

Transformação

... Faz mais de uma semana que estou aqui, e minha vida transcorre tranquila, como uma *séguia* preguiçosa. Até o momento ainda não saí da zauia. Aqui, ninguém sonha fazer o que quer que seja sem a autorização de Sidi Brahim. Seria dar de cara com o silêncio dos escravos e portas inexoravelmente fechadas.

Por que não querem me deixar sair? Isso começa a me chatear e até a me preocupar. Minha solidão deliciosa não era mais voluntária; meu quarto, tão propício a visões interiores, se parecia demais com uma prisão discreta...

Nesta manhã, enfim, pedi para ver o *marabout* e lhe disse qual era meu desejo.

O bom *marabout* sorriu.

— Mas, minha criança, Si Mahmoud não tem qualquer ressalva! Se você quer sair, que nada o impeça... Mas então é preciso que você mude de trajes. Você sabe que esses que usa, dos argelinos, são malvistos aqui. Eles não apresentarão nenhum perigo real a você, mas com certeza vão lhe trazer aborrecimentos, vão tratá-lo abertamente de *m'zani*.

De fato, os marroquinos sentem ojeriza dos argelinos, que consideram renegados.

Talvez os marroquinos detestem mais profundamente os muçulmanos argelinos que os próprios cristãos, por acreditarem que os primeiros abjuraram o Islã, enquanto os últimos permaneceram o que já eram: infiéis.

Esquecendo os princípios de tolerância do Islã puro, os marroquinos alimentam um ódio inconciliável contra cristãos e *m'zanat*.

... E eis que, para sair nesta noite, me transformei em marroquino, abandonando o arreamento pesado dos cavaleiros argelinos para adotar a leve *djellaba* branca, as sandálias amarelas calçadas nos pés nus e o pequeno turbante branco sem véu, enrolado no alto da cabeça em volta de uma *chechiya*.

Era mais leve, mais fresco, no entanto, penso com pavor no terrível Sol do meio-dia, e me pergunto se com essa cobertura quase transparente na cabeça não serei fulminada.

Expresso minhas inquietações a Ba-Mahmadou. O sudanês sorri sem se afetar.

— Deus e Sidi M'hammed-ben-Bou-Ziane a protegerão, se foi com confiança e sinceridade que você veio para cá!

... Torçamos para que a previsão animadora de Ba-Mahmadou se realize e que esse novo traje, que por enquanto me agrada, não me pregue uma peça.

M'Tourni

Um casebre de pedras soltas, uma terra rala e pedregosa na montanha piemontesa áspera e a miséria batendo na porta da casa onde eles eram em doze filhos... Depois, a dura aprendizagem de maçom, com um chefe cruel.

Um pouco assim, de modo mais vago, mal esboçados em sua memória de analfabeto, alguns raios de Sol nos picos azuis, alguns cantos tranquilos nas florestas escuras onde samambaias adoráveis cresciam às margens dos riachos.

Limitavam-se a isso as lembranças de Roberto Fraugi, trabalhador errante, quando ele embarcou para Argel com alguns amigos.

Lá, na África, ele trabalharia por conta própria, juntaria um pouco de dinheiro e depois, quando chegasse a velhice, retornaria para Santa Reparata, compraria um terreno bom e terminaria seus dias cultivando o milho e o centeio necessários para sua alimentação.

Na terra ardente, diante dos grandes horizontes desolados, ele se sentiu desenraizado, quase estarrecido: tudo ali era tão diferente das coisas que conhecia!

Passou alguns anos nas cidades do litoral, onde havia compatriotas seus, onde encontrava ainda traços conhecidos, que o tranquilizavam.

Os homens de *burnous*, aparência lenta, língua incompreensível, lhe inspiravam distanciamento, desconfiança, e ele cruzava com eles na rua sem conhecê-los.

Então, um dia, como faltava trabalho em Argel, um chefe local dos confins do Saara ofereceu a ele bastante trabalho, a ser executado em seu *bordj*. Eram condições vantajosas e Roberto enfim aceitou, depois de muito hesitar: a ideia de ir tão longe assim, para o deserto, e de viver durante meses com os árabes o aterrorizava.

Ele foi embora, cheio de inquietação.

Depois de horas penosas durante a noite em uma diligência que rangia, Fraugi se encontrou em M'sila.

Era verão. Um calor estranho, que parecia subir da terra, envolvia Roberto. Um odor indefinível se arrastava pelo ar e Fraugi experimentava um tipo singular de mal-estar por se ver ali, de noite, completamente sozinho no meio de um lugar debilmente iluminado por grandes estrelas pálidas.

No campo, ao longe, as cigarras cantavam, e seu crepitar imenso preenchia o silêncio que, na cidade, quase não se abalava com o croac-croac misterioso dos sapos escondidos nas *séguia* quentes.

Silhuetas de palmeiras jovens se delineavam escuras sobre o horizonte glauco.

No chão, formas brancas esticadas, confusas: árabes adormecidos do lado de fora, fugindo do calor e dos escorpiões.

No dia seguinte, na claridade rosada da aurora, um beduíno grande, bronzeado, de olhos graves, acordou Fraugi em seu pequeno quarto de hotel.

— Venha comigo, sou o rapaz do *caïd*.

Do lado de fora, o frescor estava delicioso. Um perfume discreto subia da terra refrescada e um silêncio pacífico planava na cidade ainda adormecida.

Fraugi, empoleirado em um burro, seguia o beduíno montado em um pequeno cavalo cinza de pelos longos espetados, que saltava alegremente a cada passo.

Eles transpuseram o *oued* em seu leito profundo. O dia nascente enchia de cores as velhas casas de *toub*, os *koubba* saarianos de formas estranhas.

Eles cruzaram os deliciosos jardins árabes de Guerfala e entraram na planície que se prolongava toda rosa, vazia, infinita.

Muito longe, em direção ao sul, os montes de Ouled-Naïl se azulavam discretamente, diáfanos.

— A planície aqui é o Hodna... E ali, debaixo da montanha, é Bou-Sâada — explicou o beduíno.

Na planície, bem longe, no fundo de uma depressão salgada, alguns casebres acinzentados se reuniam em torno de uma *koubba* tosca, com uma cúpula alta e estreita.

Acima, em uma saliência rochosa do solo, havia o *bordj* do *caïd*, uma espécie de pequeno forte quadrado, muros com rachaduras que um dia foram branqueados com cal. Algumas figueiras mirradas cresciam no baixio, em torno de uma fonte tépida cuja água salobra corria na *séguia* em que, em pilhas instáveis, se amontavam o sal avermelhado e o salitre branco.

Ao maçom deram um quartinho vazio, todo branco, e para mobiliá-lo, uma esteira, um baú e uma *matara* de pele a ser suspensa por um prego na parede.

Ali, Fraugi viveu quase meio ano, longe de qualquer contato com europeus, entre os Ouled-Madbi bronzeados, de rostos e olhos de águia, penteados com um grande *guennour* de cordões pretos.

Seddik, o menino que tinha levado Fraugi, era o chefe de uma equipe de trabalhadores sem qualificação que ajudava o maçom acompanhando o lento trabalho deles com toadas longas e tristes.

No *bordj* solitário, o silêncio não era perturbado exceto por alguns raros barulhos, o galope de um cavalo, o rangido do poço, o som gutural e selvagem dos camelos vindo se ajoelhar diante do portão.

De noite, à hora vermelha em que tudo se calava, rezava-se, na colina, com grandes gestos e invocações solenes. Depois, quando o *caïd* havia se retirado, os *khammès* e os empregados, de cócoras no chão, conversavam ou cantavam, enquanto um *djouak* sussurrava suas tristezas desconhecidas.

No *bordj*, as pessoas eram amáveis e boas para Fraugi, e sobretudo não eram exigentes. Pouco a pouco, na monotonia suave das coisas, ele parou de desejar o retorno a seu país, se acostumou com essa vida lenta, sem preocupação e sem pressa, e quando começou a entender o árabe, ele achou os locais sociáveis e simples, gostando de estar entre eles.

Agora sentava com eles na colina, de noite, e lhes fazia perguntas ou contava histórias de seu país.

Desde sua primeira comunhão, Fraugi não havia mais praticado a religião, por indiferença. Ao ver esses homens crentes, e de um modo tão tranquilo, ele lhes perguntou sobre sua fé. Ela lhe parecia muito mais simples e humana que aquela que lhe haviam ensinado, e cujos mistérios o fatigavam, ele dizia...

✴

No inverno, com os trabalhos no *bordj* encerrados e a aproximação do momento de ir embora, Fraugi experimentou um abatimento e um pesar sinceros.

Sentia falta dos *khammès* e do trabalho: o *roumi* não sentia nem orgulho, nem desprezo com relação a eles. Era um *Oulid--bab-Allah*, um bom menino.

E certa noite, quando, deitados lado a lado no pátio, perto do fogo, escutavam um *meddah* cego, cantor religioso oriundo de Ouled-Naïl, Seddik disse ao maçom:

— Por que você vai embora? Você tem um pouco de dinheiro. O *caïd* gosta de você. Alugue a casa de Abdelkader ben Hamoud, aquele que foi embora para Meca. Lá há figueiras e um campo. As pessoas da tribo estão se organizando para construir uma mesquita e preparar a *koubba* de Sidi Berrabir. Essas obras garantirão o seu pão e as coisas serão como no passado.

E, para que "as coisas fossem como no passado", Fraugi aceitou.

Na primavera, quando ficaram sabendo da morte de Djeddah d'Abdelkader, Fraugi comprou a humilde propriedade, sem considerar que isso punha fim a seus sonhos de antigamente, um pacto eterno assinado com a terra áspera e resplandecente que não mais o assustava.

Fraugi se deixou ir voluptuosamente ao sabor das coisas, de tal modo que nem ia mais a M'sila, permanecendo em Aïn-Menedia.

Suas roupas europeias tornaram-se trapos, e um dia Seddik, que se tornou seu amigo, o vestiu como um árabe. A princípio, isso lhe pareceu um disfarce, mas depois ele achou confortável e se acostumou.

Os dias e anos passaram, monótonos, na paz sonolenta do *douar*. Não havia mais saudade alguma do Piemonte natal no peito de Fraugi. Por que ir a outros lugares, se estava tão bem em Aïn-Menedia?

Agora ele falava árabe, sabia até algumas toadas que no trabalho ritmavam seus gestos cada vez mais lentos.

Certo dia, ao conversar, ele orou, testemunhando que "Não há outro deus além de Deus". Seddik gritou:

— *Ya Roubert*! Por que você não se torna muçulmano? Nós já somos amigos, assim seríamos irmãos. Dou a você minha irmã e permaneceremos juntos, louvando Deus!

Fraugi permaneceu em silêncio. Não sabia analisar o que sentia, mas sentia que já era muçulmano, uma vez que achava o Islã melhor que a fé de seus pais... E ele ficou reflexivo.

Alguns dias depois, diante dos velhos e de Seddik, Fraugi declarou espontaneamente que "Não há outro deus além de Deus e que Muhammad é seu mensageiro".

Os velhos louvaram o Eterno, e Seddik, muito emocionado diante dessa formalidade solene, abraçou o maçom.

Roberto Fraugi se tornou Mohammed Kasdallah.

A irmã de Seddik, Fathima Zohra, se tornou esposa do *m'tourni*. Com simplicidade, sem exaltação religiosa, Mohammed Kasdallah adotou a oração e o jejum.

Roberto Fraugi nunca retornou a Santa Reparata de Novarre, onde em vão era aguardado...

Depois de trinta anos, Mohammed Kasdallah se tornou um ancião religioso sossegado, louvando a Deus e a todo seu poder com frequência em seu *mektoub*, pois estava escrito que a casinha e a terra que um dia sonhou comprar em Santa Reparata ele encontraria debaixo de outro céu, em outra terra, no Hodna muçulmano, nos grandes horizontes desolados...

Primeiro diário

Cagliari, 1º de janeiro de 1900

Estou sozinho, sentado diante da imensidão cinza do mar murmurante... Estou *sozinho*... sozinho como sempre estive em todos os lugares, como estarei sempre atravessando o grande Universo sedutor e decepcionante... *sozinho*, e atrás de mim todo um mundo de esperanças perdidas, de ilusões mortas e lembranças a cada dia mais e mais distantes, quase irreais.

Estou sozinho, e sonho...

E, apesar da tristeza profunda que invade meu coração, meu devaneio não é nem desolado nem desesperado. Depois desses últimos seis meses tão atormentados, tão incoerentes, sinto meu coração endurecido para sempre e invencível a partir de agora, incapaz de fraquejar mesmo ao atravessar as piores tempestades, ao atravessar todos os extermínios e lutos. Pela experiência profunda e delicada da vida dos corações humanos que adquiri (ao preço de quantos sofrimentos, meu Deus!), prevejo o encantamento estranho, e bem triste, que serão para mim esses dois meses, que terei de passar aqui onde encalhei por acaso, em grande parte devido à minha despreocupação prodigiosa de tudo no mundo, de tudo aquilo que não é esse mundo de pensamentos, sensações e sonhos que representa o meu *eu* real e que é hermeticamente fechado aos olhos curiosos de *todos*, sem exceção.

Para impressionar, ostento uma máscara emprestada ao cínico, ao debochado, àquele que diz não se importar... Até hoje ninguém soube perfurar essa máscara e perceber minha *verdadeira* alma, essa alma sensível e pura que fica planando tão alto, acima das baixezas e aviltamentos por onde, ao desdenhar das convenções e também diante de uma necessidade estranha de sofrer, gosto de arrastar meu ser físico...

Sim, ninguém soube compreender que neste peito, que apenas a sensualidade parece animar, bate um coração generoso, que outrora transbordava de amor e ternura e hoje ainda está cheio de uma piedade infinita por todos que sofrem injustamente, por todos os fracos e oprimidos... um coração orgulhoso e inflexível, que se entregou de modo voluntário, e por inteiro, a uma causa amada... a essa causa islâmica pela qual eu gostaria tanto, um dia, de verter o sangue ardente que ferve nas minhas veias.

Ninguém soube compreender tudo isso e a partir disso me considerar, e infelizmente ninguém o compreenderá jamais!

Assim, seguirei sendo, obstinadamente, o bêbado, o depravado e o fanfarrão, que neste verão embebedará sua cabeça louca e perdida na imensidão embriagante do deserto e, neste outono, atravessará os olivais do Sahel tunisiano.

Quem me trará as noites silenciosas, as cavalgadas preguiçosas ao longo das planícies salgadas do *oued* Righ' e as areias brancas do *oued* Souf?... Quem me trará a sensação ao mesmo tempo alegre e triste que invadia meu coração de abandonado em meus acampamentos caóticos, entre amigos feitos ao acaso, os *spahis* ou os nômades, que não desconfiavam, sequer um deles, desta personalidade que odeio e repudio e com que a sorte me revestiu, para minha infelicidade?

Quem algum dia me trará as cavalgadas descabeladas ao longo dos montes e vales do Sahel, no vento de outono, cavalgadas embriagantes que me faziam perder qualquer noção de realidade numa embriaguez maravilhosa!

Neste instante, como aliás em todas as horas da minha vida, tenho apenas um desejo: vestir o mais rápido possível a personalidade amada que é, na realidade, a *verdadeira*, e retornar para lá, na África, retomar essa vida... Dormir no ar fresco e no silêncio profundos, sob a queda vertiginosa das estrelas, tendo por teto o céu infinito e, por cama, o chão tépido..., adormecer com a sensação suave e triste da minha solidão absoluta e a certeza de que, *em nenhum lugar deste mundo*, nenhum coração bate pelo meu, que em nenhum ponto da terra ser humano nenhum chora por mim nem me espera. Saber tudo isso, ser livre e sem restrições, provisoriamente instalado na vida, esse grande deserto onde nunca serei algo além de estrangeiro e intruso... É essa, em todo seu *amargor* profundo, a única felicidade que o *mektoub* jamais me proporcionaria, a mim, a quem a felicidade real, aquela que toda a humanidade persegue, ofegante, nunca foi recusada...

Longe de mim, ilusões e arrependimentos!

Que ilusões ainda poderia alimentar, se há dois anos a pomba branca que foi toda a doçura e luz da minha vida adormeceu lá na terra, no cemitério tranquilo dos Crentes de Annaba!

... Quando Vava retornou ao pó original e quando nada, de tudo aquilo que parecia tão tenazmente durar, ficou mais de pé, quando tudo foi destruído, exterminado pelo tempo e pela eternidade!... E quando a sorte me separou, de modo estranho e misterioso, do único ser que chegou realmente perto da minha verdadeira alma, para enxergar dela ao menos um pálido reflexo — Augustin...

E quando... Mas não!, deixemos que esmaeçam para sempre todas essas coisas recentes.

A partir de agora, vou me permitir ser embalado pelas correntes inconstantes da vida... Vou me permitir ser embebedado por todas as fontes de embriaguez, sem me entristecer se elas todas secarem, inexoravelmente... É o fim das lutas e das vitórias, e das derrotas de que saí com o coração sangrando, machucado... É o fim de todas essas loucuras da juventude!

Vim aqui para escapar dos escombros de um longo passado de três anos que acaba de ruir, infelizmente, na lama e tão baixo, tão baixo... Vim aqui também pela amizade de um homem que conheci por acaso, que o Destino colocou no meu caminho no exato momento de uma crise — *se Deus quiser*, a última — à qual não sucumbi, mas que ameaçava ir muito longe...

E, o que é estranho, disso que constatei hoje e disso que me causou uma tristeza sem limites aflora uma mudança de sentimento em relação a...

Minha amizade cresceu... Ainda bem! Mas cresceu de ilusões, desde o primeiro dia, desde a primeira hora!

Vejo que mais uma vez começo a me perder no *indizível*, nesse mundo de coisas que sinto e que entendo tão claramente e que nunca soube exprimir.

Entretanto, apesar de toda a minha vida não ter passado de uma somatória de dores e tristezas, jamais amaldiçoarei esta vida lamentável e este triste universo... em que o Amor caminha ao lado da Morte, e onde tudo é efêmero e transitório.

Pois ambos me proporcionaram embriaguezes tão profundas, êxtases tão doces, tantos sonhos e pensamentos.

Não sinto falta de mais nada, nem mais nada desejo... *Eu espero*.

Assim, nômade e sem outra pátria além do Islã; sem família e sem confidentes, sozinho, sozinho para sempre na solidão altiva e melancolicamente suave de minha alma, continuarei meu caminho pela vida, até que soe a hora do grande sono eterno do túmulo...

MAHMOUD ESSADI

E a pergunta eterna, misteriosa e angustiante que se coloca mais uma vez: onde estarei, em qual terra e sob qual céu, nesta mesma hora daqui a um ano?... Sem dúvida muito longe desta pequena cidade sarda... Onde? E ainda estarei entre os vivos nesse dia?...

Cagliari, 9 de janeiro,

Impressões, 1900
Jardim Público, cerca de cinco horas da tarde.

Paisagem atormentada, colinas de contornos rudes, avermelhados ou cinza, paludes profundos, apinhados de pinheiros-bravos e figueiras-da-índia, cinza e tépidos. Vegetação luxuriante, quase desconcertante neste meio de inverno. Lagunas salgadas, superfícies de um cinza-chumbo, imóveis e mortas, como os *chott* do Deserto.

Depois, bem no alto, uma silhueta de cidade, escalando a colina sulcada e árdua... Velhas muralhas, velha torre quadrada e dentada, silhuetas geométricas de telhados e terraços, tudo de um branco chamuscado uniforme, se desenhando contra o céu anil.

Quase tudo no alto, mais e mais vegetação, árvores de folhagens imutáveis. Casernas iguais às da Argélia em tudo, compridas e baixas, cobertas de telhas vermelhas, de paredes descascadas e escorchadas, também elas douradas, como todo o resto.

Paredes pinceladas de rosa forte ou vermelho-sangue, ou de azul-céu, como as casas árabes... Velhas igrejas escuras e lotadas de esculturas e mosaicos de mármore, luxos neste país de uma miséria sórdida. Passagens abobadadas, onde os passos soam com dureza, suscitando ecos sonoros. Um emaranhado de ruelas subindo, descendo, às vezes cortadas por escadarias de pedra cinza, e, devido à ausência de tráfego na cidade alta, os pequenos paralelepípedos pontiagudos são cobertos por plantinhas desbotadas, de um verde quase amarelo.

Portas que dão para grandes cavas em nível inferior, onde se refugiam famílias miseráveis, na sombra e na umidade seculares. Outras, dando para vestíbulos abobadados, para escadarias de faiança.

Lojas com vitrines pequenas de cores gritantes, vendinhas orientais, estreitas e enfumaçadas, de onde saem vozes anasaladas, arrastadas...

Aqui e ali, um jovem encostado numa parede conversa por meio de sinais com uma mocinha pendurada do alto de seu balcão...

Camponeses com coberturas de cabeça que caem pelas costas, em traje negro gasto, dobrado por baixo da calça de calicô branco. Figuras barbudas e bronzeadas, olhos profundamente fundos sob as sobrancelhas grossas, fisionomias desconfiadas e intratáveis, puxando para o grego das montanhas e o cabila, numa estranha mistura de traços.

As mulheres, beleza árabe, olhos grandes muito pretos, langorosos e pensativos... Expressão resignada e triste de pobres animais medrosos.

Mendigos chorosos e subservientes, que assediam o estrangeiro, o seguem e o molestam para onde quer que ele vá... Canções infinitamente tristes ou refrões que se tornam uma espécie de obsessão estranha e angustiante, cantilenas que são um convite à confusão pela semelhança com aqueles de lá, dessa

África que tudo aqui faz lembrar a cada passo e que provoca a mais intensa saudade.

Cagliari, 18 de janeiro, quinta-feira, 17h30.

Desde que estou aqui, na tranquilidade adormecida desta vida que o acaso, ou sobretudo o destino, subitamente colocaram no meu caminho aventuroso, é estranho, as lembranças da Villa Neuve assombram cada vez mais minha memória... tanto as boas quanto as ruins... Digo boas porque não é o caso de ser injusto, agora que tudo aquilo está morto e enterrado, dentro da pobre caixa... Não se pode esquecer que ela abriga a bondade e a doçura de mamãe, as boas intenções, nunca realizadas, de Vava... e sobretudo, todo esse mundo caótico dos meus sonhos. Não, não amaldiçoarei essa vida de antigamente. Que horas abençoadas vivemos apesar de tudo, apesar do cativeiro e do enfado, e das injustiças! Desde que abandonei para sempre essa casa onde tudo se apagou, onde tudo estava morto antes de cair enfim em ruínas, minha vida não passa de um sonho, rápido, fulgurante, através de países disparatados, sob diferentes nomes, sob diferentes aspectos.

E bem sei que este inverno mais tranquilo que passo aqui não é um encerramento dessa existência, que deve ser a minha até o fim.

Depois, dentro de poucos dias, a vida verdadeira, errante e incoerente, será retomada. Onde? Como? Só Deus sabe! Nem ouso mais fazer suposições e hipóteses a esse respeito, depois de, ao ter tomado a decisão de continuar ainda meses e meses em Paris, ter me visto em Cagliari, neste canto perdido do mundo, no qual jamais tinha pensado, não mais que em qualquer outro ponto por que passaram meus olhos distraídos no mapa do mundo habitado.

Depois disso, fim das suposições e das hipóteses.

Entretanto, há uma coisa que me alegra: à medida que me afasto dos limbos do passado, meu caráter se forma e se afirma exatamente como eu gostaria que fizesse. O que se desenvolve em mim é a energia mais obstinada, mais invencível, e a retidão do coração, duas qualidades que estimo mais que a quaisquer outras e que, infelizmente, são tão raras em uma mulher.

Com isso, e a grande probabilidade de viver quatro meses no deserto nesta primavera, estou certa de me tornar alguém... e, desse modo, atingir cedo ou tarde o objetivo sagrado da minha vida: a vingança! Vava sempre me aconselhava a não esquecer a tarefa que mamãe nos legou, a ele, a Augustin e a mim... Vava está morto; Augustin não nasceu para isso e se comprometeu para sempre com os caminhos já conhecidos da vida... Só resta a mim.

Felizmente toda a minha vida passada, toda a minha adolescência contribuíram para me fazer entender que a felicidade tranquila é construída apenas por mim, que, sozinha entre os homens, estou destinada a uma luta implacável contra eles, que sou, se assim se quiser dizer, o bode expiatório de toda a iniquidade e todos os infortúnios que precipitaram esses três seres à sua ruína: Mamãe, Wladimir e Vava.

E agora assumi o meu papel. A ele amo mais que qualquer felicidade egoísta, a ele sacrificarei tudo que me é caro. Esse objetivo será sempre minha orientação pela vida.

Renunciei a ter um canto *para mim* neste mundo, uma *home*, um lar, a paz, a fortuna. Vesti a farda, por vezes bastante pesada, do vagabundo e do apátrida. Renunciei à felicidade de chegar em casa, de encontrar os entes queridos, o descanso e a segurança.

Por enquanto, neste lar provisório de Cagliari, onde encontro uma sensação agradável, tenho a ilusão de ver um ser de que realmente gosto e cuja presença se tornou para mim, imperceptivelmente, uma das condições para o bem-estar... Apenas que esse sonho também será breve: depois, para as peregrinações duras e perigosas, será necessário ficar sozinha novamente e abandonar a quietude sonolenta da vida a dois.

Mas *precisa* ser assim, e assim será. E na noite de uma vida assim, haverá ao menos o consolo de saber que, pelo menos no retorno, talvez eu encontre ainda um amigo, um ser vivo que ficará feliz de me rever... ou pelo menos satisfeito... Mas há essa coisa terrível: a *separação* bastante retardada para então acontecerem os reencontros... E talvez um dia eu encontre meu lugar ocupado. É bastante provável, inclusive, considerando as ideias dele a respeito da mulher e do casamento. Será bastante peculiar caso ele não encontre uma companheira que compartilhe dessas ideias, tão opostas às minhas. Ah, bem sei que, enquanto ele for errante e exilado, essa companheira não vai aparecer, a menos que, estando em algum lugar do mundo, ele agrade uma esposa que, por amá-lo, temerá por ele nas horas de perigo, *de longe*, bem protegida e aquecida.

Quanto a esse *alguém* que, como eu, estará bem ali nas horas ruins e que nada vai parar, esse alguém ele não encontrará.

Mas depois, depois dessa época transitória ter passado, ele será tomado, como Augustin e como todo mundo, pela nostalgia do descanso e do lar.

Nesse dia, poderei retomar minha corrida pelo mundo, com a certeza triste de encontrar sempre inexoravelmente vazio o quarto do hotel, o *gourbi* ou a barraca que servirão de asilo temporário à minha vida de nômade. *Mektoub*!

Aproveitemos o momento que passa e o frenesi que logo terá desvanecido... Uma flor não desabrocha duas vezes e a água não corre duas vezes pelo leito do mesmo rio.

Por que não confiar nesse amigo? Por que julgá-lo antes de ter visto a obra, e sobretudo por que lhe atribuir ideias sobre o casamento e o descanso doméstico que ele não tem?

Sua vida será sempre uma vida de lutas por ideias nobres, em todas as circunstâncias ele será sempre o soldado da Causa Santa do Islã, estará sempre de pé, como uma rocha em meio às ruínas da decadência de seus compatriotas.

Não, ele jamais se casará. Não obstante, sua felicidade será descansar a cabeça de exilado no peito de uma verdadeira amiga.

Sua felicidade será ter um coração que baterá com o seu em uníssono e ter um carinho e uma alma terna a quem ele confiará suas dores e alegrias. Essa amiga, esse coração, essa alma, ele pensa ter encontrado em você. Então por que duvidar?

"Por que a vida dos homens não termina como os outonos da África, com um céu claro com ventos tépidos, sem decadência nem pressentimentos?" (Eugène Fromentin, *Une Année dans le Sahel* [Um ano no Sahel])

Nota em Cagliari, em 1º de janeiro de 1900, em um momento de uma tristeza infinita e sem motivos reais.

Cagliari, 29 de janeiro de 1900.

> *Perché afrettar l'arrivo*
> *Della giornara negra?*
>
> *Nei Baci miei t'allegra,*
> *O brevemento vivo!**

---

* Em tradução livre: "Por que apressar a chegada/ Do dia negro?// Meus beijos te fazem feliz/ Ou brevemente vivo". Trecho do poema "Canto d'Igea", do poeta italiano Giovanni Prati (1814-1884), como parte do longo poema "Dall'Armando" (1866).

O sonho breve de recolhimento tranquilo na velha cidade sarda, sob um céu suavemente reflexivo e clemente, no seio dessa paisagem inteira africana, acabou.

Amanhã, nesta mesma hora, já estarei bem longe dos rochedos cagliarianos, lá, no mar cinza que há dias e dias urra e rebenta...

Nesta noite, os ecos de Cagliari ressoaram a trovoada que urrava... Hoje o mar vestiu-se do aspecto mais sinistro; ele tem reflexos vítreos ou lívidos... Aqui tudo chegou ao fim e amanhã vou embora para recomeçar a luta sinistra, a luta implacável que avança sobre um túmulo fechado há oito longos meses, por cima de uma vida que foi abolida e retornou ao mistério original...

E, nesta noite, nesse túmulo de noite acinzentada, na nossa querida choupana triste, devastada e abandonada à desordem da partida, sinto essa tristeza profunda que acompanha as mudanças da vida, os extermínios sucessivos que, imperceptivelmente, nos conduzem ao grande extermínio definitivo.

E qual será essa nova época da minha vida?

No dia 30, às quatro e meia da tarde — O *mektoub* atrasou em algumas horas a minha partida. Mas também o horizonte ficou escuro.

Genebra, 27 de maio de 1900. 21h30 (dom.).

Mais uma vez dato este triste diário nesta cidade amaldiçoada onde já sofri tanto, que por pouco não me custou a vida.

Estou aqui há menos de uma semana e sinto a opressão mórbida de antigamente, e desejo ir embora daqui para sempre.

Revi, sob o céu baixo e coberto, a casa desafortunada, fechada e muda, perdida na erva daninha, como se mergulhada em um sonho lúgubre e sombrio.

Revi a estrada, a estrada branca, branca como um rio de prata baço, reto como uma flecha, que corre em direção ao grande e melancólico Jura entre as grandes árvores de veludo.

Revi os dois túmulos no cenário incomparável deste cemitério infiel, no chão do exílio, tão longe da outra colina sagrada do descanso eterno e do silêncio imutável...

E me sinto absolutamente estrangeiro, e para sempre, nesta terra que vou deixar amanhã e para onde espero nunca mais voltar.

Nesta noite, tristeza insondável, indizível, e resignação cada vez mais absoluta diante deste Destino inelutável...

Que sonhos, que encantos, que embriaguezes o futuro ainda me reserva?

Que alegrias... certamente duvidosas, e quais dores insuspeitas?

E quando vai enfim soar a hora o livramento, a hora do descanso final?

Abril, 1900. Paris.

Vislumbrei, certa noite, na claridade tênue das estrelas e dos postes de luz, as silhuetas brancas das cruzes do cemitério de Montparnasse se desenhando como fantasmas no negro aveludado das grandes árvores... E sonhei que todo o hálito poderoso de Paris urrando ao redor não conseguia perturbar o sono inefável dos desconhecidos que dormiam ali...

Carta difamatória contra Eberhardt, quando ela estava em Ténès

Paris, 7 de setembro de 1900.

Meu general, um amigo do Exército tem a honra de apontar os seguintes fatos: por volta do início do último mês de julho, uma mulher — filha natural de uma moral bastante duvidosa —, Isabelle Eberhardt, de nacionalidade russa e nascida na Suíça, fantasiada de homem e se fazendo chamar de Mahmoud Saadi, foi se instalar em El Oued para espionar as atividades dos oficiais dos birôs árabes em nome do jornal *L'Aurore* de Paris, com o intuito de ajudar uma campanha implacável da imprensa contra os oficiais dos birôs árabes, em particular, e o Exército, de modo geral. Para conseguir obter informações facilmente, ela fez a cabeça de um marechal de alojamentos de *spahis* chamado Slimène, ligado ao serviço do birô árabe de El Oued, ao que parece.

Essa mulher é perigosa sob todos os pontos de vista. Ela está com problemas com as autoridades suíças de Genebra, onde nasceu, assim como com as autoridades russas: tendo em conta que suspeitas sérias pesam sobre ela:

1ª: De envenenamento, no que diz respeito à morte de um homem idoso chamado Alexandre Trophimowsky, amigo de sua mãe que, quando vivo, era seu benfeitor;

2ª: No que diz respeito a um roubo de 140 mil francos, pertencentes a esse infeliz idoso, que desapareceram da casa de campo em que eles moravam, nos arredores de Genebra, imediatamente após sua morte, ocorrida há um ano e meio. Esse roubo foi cometido em prejuízo dos herdeiros naturais;

De resto, essa mulher é objeto de investigações secretas das autoridades russas e suíças.

O amigo que lhe escreve, meu general, conta tudo isso para que tome ciência da mulher em questão. De resto, meu general, ordene uma investigação a respeito de sua conduta em El Oued, e o senhor será instruído.

Essa mulher, além disso, nutre um ódio profundo pela França e não tem mais nada a fazer além de provocar os árabes contra ela; com o intuito de inspirar mais confiança nos muçulmanos, ela se faz passar por muçulmana, o que não é verdadeiro.

Receba, meu general, as respeitosas homenagens de um verdadeiro amigo do Exército.

Isabelle Eberhardt em trajes árabes
de mulher, c. 1897

Isabelle Eberhardt por ela mesma

Trecho de carta a Ali Abdul Wahab

[...]
Hoje, conto ainda mais — e o farei sempre, daqui pra frente: quero lhe contar a verdade, a você que deve ser capaz de entendê-la. Ainda vou lhe contar a história completa da minha vida — aliás, bastante sucinta. Por enquanto, deixe-me esboçar um "retrato" um pouco detalhado do que foi meu último ano de vida em Genebra e desses três meses em Bône. Desde 1879, minha família sempre morou no campo — a quatro quilômetros de Genebra, em um local bastante afastado. Desde então, e até 21 de maio de 1897, dia de minha partida para a Argélia, fui literalmente trancada lá, em meio às mais aterrorizantes brigas de família, sujeita às perseguições de que lhe falei um pouco nessa noite memorável — abençoada seja — e que jamais conseguirei esquecer. Eu me encontrava — bem pequena — entre minha mãe, sempre doente, e meu pai — cuja qualidade eu então ignorava — (i.e., eu ignorava minhas origens, e eu pensava que ele era um vago "tutor") sempre ausente ou ocupado em destrinchar as intrigas da casa. Como cresci e como fiz meus estudos, muito *incoerentes* e, entretanto, bastante abrangentes, vou lhe contar um outro dia. Digamos apenas que, de toda a família, o

único que sempre amei loucamente, com toda a minha alma muito apaixonada — sobretudo outrora — é meu irmão caçula, Augustin, aquele que está na Legião Estrangeira.

Bem, graças a isso, meus dois irmãos mais velhos e minha irmã transformaram a casa num lugar da pior devassidão, e começaram a fazer Augustin beber quando ele tinha *dez anos*, e ele, com sua saúde tão delicada, do ponto de vista dos nervos, começou a malograr em 1887, i.e., há exatamente dez anos. Tudo isso você vai ficar sabendo depois. Nessas circunstâncias, desde 21 de dezembro de 1887, eu mal tinha completado dez anos e começava a me ver envolvida em acontecimentos trágicos recorrentes — envolvida *ativamente*. Em resumo, durante esses dez anos, meu irmão preferido saiu de casa — sob o efeito da bebida e levando consigo somas de dinheiro significativas — seis vezes, e sempre escondido, deixando-nos por semanas e meses sem notícias suas, numa desolação que palavra alguma poderia descrever. Em 13 de outubro de 1895, ele enfim fugiu com quinhentos francos para Marselha. Depois de ter gastado esse dinheiro — em um mês —, ele se alistou no 1º regimento estrangeiro em Sidi-bel-Abbès, no departamento de Orã. Tive de sustentá-lo material e moralmente durante todo o inverno. Por fim, como ele estava doente, meus pais conseguiram que ele fosse dispensado e, em 23 de fevereiro de 1896, ele voltou para casa, doente e quase irreconhecível. Nesse dia começou para mim o pior dos martírios. Em 1895, eu havia feito esforços sobre-humanos, durante três meses, para incentivá-lo a estudar árabe e cabila, para passar nas provas de intérprete na Argélia — para ocupá-lo e para impedi-lo de se perder completamente. O que isso me custou — só Deus sabe — *só Deus sabe*. Obviamente minha tentativa falhou, uma vez que no outono ele escapou para a Legião. Em 1896, em seu retorno, recomecei minhas tentativas. Mas então tudo falhou desde o início: ele não queria mais trabalhar, de jeito nenhum, tinha se tornado rabugento e briguento. Não se passava um dia sem cenas horríveis... Ele não fazia nada e começou a beber *absinto* puro *constantemente*, que ele arrumava indo à cidade com todos os pretextos possíveis. E o absinto o fazia perder a cabeça ou o mergulhava no desespero mais sombrio. Assim, entre 23 de fevereiro e 9 de dezembro de 1896, tudo que fiz foi cuidar dele, temendo um suicídio, buscando por todos os meios impedi-lo de beber, pressentindo o tempo todo uma infelicidade. Não sei como lhe contar o que sofri nessa posição terrível, eu mesma doente fazia bastante tempo e sensível no mais alto grau. Apesar de todos os defeitos desse irmão, sempre perdoei tudo que vinha dele e continuo a amá-lo com toda a minha alma, mesmo que, quando estamos juntos, ele não seja (nesses últimos anos) nada do que deveria ser. E assim minha angústia era constante e, agora, esse ano me parece ter sido o pesadelo mais hediondo. Apesar disso, trabalhei bastante em 1896 — estudei e escrevi, elaborando os primeiros esqueletos do meu livro — este que estou terminando agora.

Em 9 de dezembro de 1896, meu irmão, com o pretexto de ir até um médico na vizinhança, foi embora de casa, levando 1 700 francos e sem deixar a menor pista. Até o dia 20, mais ou menos, nenhuma notícia. No dia 20 me comunicou que tinha chegado a Genebra *para me ver* (vindo de Marselha, onde ficou noivo de uma moça do povo, irmã e filha de marinheiros). Ele me encontrou na *autoestrada*, a menos de um quilômetro de nossa casa. Corri até lá debaixo da neve. O encontro durou *menos de cinco minutos*: ele falou vagamente de sua noiva e divagou. Depois que nos abraçamos, foi embora. Tive a certeza terrível de que ele estava bêbado até nesse dia.

Depois, cartas e mais cartas, reclamações e mais reclamações da parte dessa família de Marselha: no dia 2 de janeiro, ele escreveu para sua noiva uma carta datada de Marselha anunciando a ela *seu suicídio*. A infeliz me comunicou isso imediatamente. Desde esse dia e até 9 *de março*, ou seja, quase três meses — nenhuma notícia. Imagine meu sofrimento durante esse tempo e o meu esforço para encontrá-lo, esperando que essa carta fosse apenas uma farsa macabra?! Desde a partida dele eu fiquei doente, constantemente tomada por crises nervosas de sufocamento e de uma angústia mórbida a que nada se compara, em termos de terror.

Já em janeiro falávamos em deixar a casa para ir à Argélia. Mas, sabendo do apego dos meus pais à casa, e da imensa aversão deles a deslocamentos, tendo presente na memória a lembrança de outros planos semelhantes sempre abortados, não ousei imaginar que isso aconteceria — o que era uma felicidade: deixar enfim essa solidão — que, no entanto, adoro — e ir para *terras muçulmanas* ver enfim o universo dinâmico e misterioso...

Também, até o dia da partida, vivi numa angústia indescritível, um terror de ver esse plano ser abortado como os outros. Mas não nos antecipemos. Em março, um soldado do 2º regimento estrangeiro, alocado em Saïda (Orã), em recuperação em Genebra, veio me anunciar que no dia 11 de fevereiro meu irmão se realistou por um período de *cinco anos*. Desde esse dia, felizmente, recebo notícias positivas.

Na noite de 21 de maio, deixamos enfim a casa onde passei toda a minha infância e o começo da minha juventude — sonho estranho: de um lado, todos os tormentos de uma vida mais que infeliz, de outro, todos os sonhos e todas as esperanças, todos os pensamentos da mais estranha das adolescências que se possa imaginar... Tudo isso, numa solidão poética que, sem as infelicidades do entorno, poderia ter sido um contexto benéfico para uma natureza como a minha... tudo isso no *silêncio*: nunca contei a ninguém esse mundo de sonhos e pensamentos que se movimentava dentro de mim.

Assim que chegamos na Argélia, mal tínhamos nos instalado em Bône, meu pai saiu em busca de um professor de árabe para mim. Por acaso, ele entrou na *mahakma* do cádi e perguntou ali por alguém que falasse bem francês e pudesse lhe dar informações: indicaram Si Mohammed El Khoudja ben Abdallah Hamidi, *oukil* judiciário. O pobre homem, encantado pelas maneiras de verdadeiro cavalheiro e pela instrução bastante visível desse sujeito, o levou até nossa casa. Quanto a isso, permita-me dizer que ele posou muito mal para David e que ele é na realidade muito diferente do que mostra sua fotografia. Entretanto, ele não me causou uma impressão muito forte, apesar de o amor ser uma das questões que mais me preocupou, sempre, e de eu ter um temperamento (aliás, bastante cerebral) muito ardente. Mas nem uma semana tinha se passado e, (juro a você) sem que ele tivesse feito nada para me conquistar, senti me invadir um amor violento e triste, como tudo que emana da minha alma, por esse homem que tem algo que deveriam ter seus ancestrais, os mouros da Espanha: algo muito sedutor, poético e melancólico. Confessaria a você, pela nossa amizade, que há nele ainda, para conquistar determinadas mulheres (as intelectuais), a grande virilidade de sua natureza e sua maneira ostensivamente desdenhosa de considerar as dores da vida... O que acabou me fascinando foi sua grande e inegável inteligência. Avalie: educado com dificuldade em um colégio francês e no madraçal de Constantina, de uma família que caiu quase na pobreza, sem pai (morto na Alemanha em 1871), ele soube, sozinho, se educar com uma instrução absolutamente sem igual não apenas dentre os árabes da Argélia que até hoje conheci, mas também dentre todos os franceses daqui. Uma instrução literária e até filosófica... E uma educação que o tornou digno de se colocar na melhor sociedade europeia. Com isso, a graça e o charme um pouco felinos do árabe... Mas tudo isso é bobagem: *ninguém nunca soube por que amou.* Tampouco eu sei. Talvez, se Khoudja tivesse sido um pé-rapado analfabeto, eu o tivesse amado da mesma maneira...

Mektoub, ou uma lei desconhecida, uma lei da atração sexual ainda mal explicada, que deseja que *um ele e uma ela* se unam... Repentinamente, El Khoudja começou a me cobrir de manifestações — muito respeitosas, nada banais — de ternura. E eu, feliz (pelo menos uma vez, o que me leva a não me arrepender disso), me entreguei *conscientemente* a esse encantamento, a essa feitiçaria. Logo, ele chegou a me fazer a mais inflamada e a mais ingênua das declarações. Eu lhe disse a verdade... também [...]* e, segundo meu costume, sem afetação nem lágrimas, mas com muita simplicidade. "Juro a você não usar de violência, mas lhe peço, não me atormente inutilmente..." De fato, apesar das imprudências que minha mãe, sempre boa e amando esse homem como a seu filho, tolerava: passeios noturnos em lugares absolutamente desertos — ele não traiu sua promessa, mas continuou a me pressionar. Foi assim durante quinze dias: relações bem diferentes daquelas entre um irmão e uma irmã, e também diferentes daquelas entre marido e mulher, ou entre amantes.

Ele me propôs casamento, desde o início, *diante de minha mãe*, mas conhecendo sua personalidade despótica e a vida confinada dos mouros, recusei, preferindo uma união ilegal a abandonar toda a liberdade e todo o futuro.

Finalmente, no dia 18 do último mês de junho, de manhã, uma vez que eu estava sozinha com ele, me pediu tanto e tão bem que lhe fiz uma promessa formal, para o próprio dia. Ele se virou tanto, e tão bem, que às duas horas da tarde ele tinha

---

* As reticências entre colchetes neste e nos próximos textos são marcações de palavras que Marie-Odile Delacour e Jean-René Huleu — organizadores do volume original usado de base para esta tradução — não conseguiram ler diretamente nos manuscritos de Isabelle Eberhardt. (N.E.)

alugado um pequeno terreno adorável, perto do *marabout* de Sidi Ben Kerim, na praia (lugar por que passamos de carro, de manhã, e onde você viu mulheres árabes sem véu. Eu cheguei a dizer a você que esse lugar *não me trazia alegria*).

Claro que cumpri minha promessa: fui até lá encontrá-lo e ali ficamos até sete horas da noite... Um dia lhe contarei o que foram essas cinco horas para mim... Mas não agora: é recente demais... Desde então, o encontrei duas vezes por semana, na minha casa. Minha mãe nos deixava à vontade, para não nos provocar tristeza. Essas relações quase conjugais duraram dois meses: e, repentinamente, uma briga formidável explodiu entre nós, por eu ter tido a infelicidade de ajudar a cunhada dele a se libertar do jugo do marido. Depois desse dia, nos reconciliamos — no dia seguinte à sua partida para Túnis. No entanto, não continuamos juntos, e faz um mês que nos divorciamos de fato...

Meu bom e querido Ali, perdoe minha fraqueza: quando você for enfeitiçado, vai ver como é — ontem de noite, percebi com uma verdadeira tristeza, enquanto ele falava comigo nessa língua árabe que adoro, sem saber por quê — que eu ainda o amo e que, depois de todas essas dores que ele já provocou em mim, talvez eu seja louca o suficiente para ainda escutá-lo, agora que voltou a falar dessas coisas perturbadoras e perigosas que são as lembranças de amor. Assim, *meu irmão!*, minha vida toda não passa de contrastes e oposições. Entretanto, o principal agora é trabalhar e não se deixar levar pela ociosidade doce e mortal pela qual, infelizmente, já fui levada por demais. E, se nessa luta contra mim mesma e contra um sedutor perigoso, eu vier a sucumbir, isso não me impedirá de continuar, obstinadamente e sem fracassar, a obra que comecei há dois anos, nas trevas pavorosas da minha vida de lá, do outro lado do grande mar azul...

Carta ao editor do *La Petite Gironde*

Quando Monsieur Loubet, presidente da França, veio a Argel, Isabelle Eberhardt foi uma das convidadas ao jantar de imprensa. Como de costume, ela usava o traje de um homem muçulmano, isto é, inteiramente coberta em lã branca, sem bordados de seda nem outro ponto de cor a não ser os cordões marrons de pelo de camelo, trançados justos em torno de seu turbante branco, no estilo do Saara. A presença desse jovem estudante da religião muçulmana, de testa poderosamente esculpida e mãos finas e longas, voz suave e fala lenta, não passou despercebida por repórteres que acompanhavam a viagem presidencial. Alguns deles, mal-informados, enviaram a seus jornais informações erradas sobre a identidade e a vida de Isabelle Eberhardt, comparando-a à rainha militar berbere da região de Aurès, Kahina, que ia de tribo em tribo espalhando ódio contra os conquistadores. Tais escritos não passavam de calúnias locais, disseminadas por alguns jornalistas irrelevantes acometidos de arabofobia. Isabelle Eberhardt ponderou que devia esclarecer as coisas.*

---

* Trecho escrito por Victor Barrucand, no apêndice a *Dans l'Ombre chaude de l'Islam* [Na sombra quente do Islã]. A carta foi publicada no jornal *La Petite Gironde* em 23 de abril de 1903.

*

Minha verdadeira história talvez seja menos romântica, e é com certeza mais modesta do que a lenda em questão, mas me parece ser meu dever contá-la.

Meu pai era um homem russo de fé muçulmana e minha mãe, russa católica. Assim, nasci muçulmana e nunca mudei de religião. Meu pai morreu logo depois do meu nascimento em Genebra, onde vivíamos. Minha mãe ficou então com meu tio-avô. Foi ele que me criou, e o fez exatamente como se eu fosse um garoto. Isso explica o fato de por muitos anos eu ter usado, e ainda usar, roupas masculinas.

Comecei a estudar medicina, mas logo abandonei o curso por me sentir atraída de modo irresistível pela carreira de escritora. Quando tinha vinte anos (1897), fui com minha mãe para Bône, na Argélia. Pouco depois de nossa chegada lá, ela morreu, tendo antes se convertido ao Islã. Retornei a Genebra para cuidar do meu tio-avô. Ele também morreu logo, deixando-me uma soma razoavelmente boa de dinheiro. Eu estava sozinha, nesse momento, e sedenta por levar uma vida de andarilha, sedenta por explorar o desconhecido. Retornei para a África, viajando sozinha a cavalo. Na sequência, visitei o Saara de Constantina. Em nome de uma maior conveniência, e também por estética, me acostumei a usar vestimentas árabes. Falo árabe bastante bem, tendo aprendido em Bône.

Em 1900, eu estava em El Oued, na região sul de Constantina. Ali conheci M. Slimène Ehnni, que na época era marechal de alojamentos dos *spahis*. Nós nos casamos segundo o ritual muçulmano.

Em territórios militares, jornalistas costumam ser vistos com maus olhos, devido à sua tendência de fazer perguntas constrangedoras. Foi assim no meu caso: desde o princípio fui tratada pelas autoridades militares e administrativas com a máxima hostilidade. Quando meu marido e eu tentamos realizar um casamento civil, para se somar à cerimônia religiosa, não fomos autorizados.

Nossa estadia em El Oued seguiu-se até janeiro de 1901, quando, sob as circunstâncias mais misteriosas, fui vítima de uma tentativa de assassinato fracassada pelas mãos de um maníaco local. Apesar dos meus esforços para esclarecer esse assunto, quando o caso foi a julgamento diante do Conselho de Guerra de Constantina, em junho de 1901, nada se cumpriu nesse sentido.

Ao fim das audiências, às quais fui obrigada a comparecer como principal testemunha, fui de repente expulsa da Argélia. A ordem de expulsão me separou brutalmente de meu marido. Como ele tinha se naturalizado francês, nosso casamento muçulmano não foi considerado válido. Felizmente, a ordem não me excluiu também da França.

Fui até a casa do meu irmão em Marselha, onde meu marido logo me encontrou. Lá, depois de uma breve investigação, recebemos autorização para nos casar. Foi muito simples. É verdade que isso foi na França, longe dos procônsules do sul de Constantina. Nós nos casamos na prefeitura de Marselha em 17 de outubro de 1901.

Em fevereiro de 1902, expirou o período de realistamento do meu marido no serviço militar. Ele deixou o Exército e retornamos à Argélia, onde logo lhe ofereceram o cargo de *khodja* (intérprete e secretário) em Ténès, no norte do distrito de Argel, uma posição que ele ainda ocupa.

Essa é a verdadeira história da minha vida. É a vida de uma alma aventurosa, que se libertou de mil pequenas tiranias, se libertou daquilo que se chama *costumes*, uma alma sedenta pelos aspectos constantemente mutáveis de uma vida longe da civilização. Jamais tive qualquer papel político. Para mim, basta ser jornalista. Estudo a vida estando perto dela, essa "vida nativa" sobre a qual tão pouco se sabe e que é tão descaracterizada pelas descrições daqueles que, sem conhecê-la, insistem em descrevê-la mesmo assim. Jamais me envolvi em qualquer tipo de propaganda entre os povos daqui, e é completamente ridículo afirmar que finjo ser um oráculo.

Aonde quer que eu vá, sempre que possível, faço questão de tentar oferecer aos meus amigos locais ideias precisas e razoáveis, explicando-lhes que a dominação francesa é muito preferível a ter novamente os turcos aqui, aliás, qualquer outro estrangeiro. É absolutamente injusto acusar-me de atividades antifrancesas.

Quanto às insinuações feitas por seu enviado especial de que sou antissemita, posso apenas responder que, além de ser colaboradora de *La Revue Blanche*, *La Grande France*, *Le Petit Journal Illustré* e *La Dépêche Algérienne*, cuja redação integro presentemente, também escrevi para *Les Nouvelles*, que, sob a direção do sr. Barrucand, tanto realizou na luta para acabar com o antissemitismo. Fui trabalhar para *Al Akhbar* no momento em que o sr. Barrucand assumiu aquele velho jornal para lhe dar uma orientação essencialmente *francesa* e *republicana*. Trata-se de um órgão que defende os princípios da justiça e da verdade, princípios que por fim devem ser aplicados a todos aqui, sem distinção de religião ou raça.

Espero, senhor Redator-Chefe, que considere minha retificação apta a ser publicada, e assim me conceda a oportunidade de me defender. Considero minha causa completamente legítima.

Receba meus mais respeitosos cumprimentos.

ISABELLE EBERHARDT

Trechos de "Em direção aos horizontes azuis"

[...]

Há quase três horas em cima de uma maca, sendo sacudida pelas dunas, sob um céu cinza de inverno, vejo enfim passar, acima da minha cabeça, primeiro a abóbada elevada da porta do quartel, percebo a sentinela, vulto bronzeado impassível, sua baioneta pontuda como um raio, os vultos curiosos dos homens em guarda, depois outra abóbada mais baixa, à direita — e um cheiro de ácido fênico me sufoca.

De início, a tortura física, estúpida e lúgubre, onde a animalidade primordial se revolta e chora; o medo da carnificina cirúrgica, enquanto estou deitada, oprimida e tremendo, na mesa de operações da salinha clara.

Revejo essa sala: a porta de madeira cinza, encimada por uma janela aberta; à esquerda, uma mesinha com alguns livros e o indispensável *Almanach du Drapeau*.* Ao longo da pare-

---

* Com o subtítulo "Brochura do patriota, do marinheiro e do soldado", este "almanaque da bandeira", uma pequena enciclopédia destinada às Forças Armadas e publicada entre 1900 e 1909, trazia informações como as bandeiras históricas da França, os marechais do país, suas estátuas, posicionamento de tropas e navios, glossário com termos específicos e assim por diante.

de, panelas fumegantes contendo tampões e faixas, a lousa de temperatura, o termômetro; depois a mesa coberta de recipientes de vidro e grandes bacias esmaltadas, onde estão imersos instrumentos bárbaros, pinças, bisturis, curetas, tesouras, agulhas, toda uma oficina do sofrimento. A chama azulada da lamparina a álcool, como um fogo-fátuo ironicamente vacilante. — Ao fundo, uma janela alta que dá para a galeria abobadada e para a Intendência, que parecia distante na falsa perspectiva desse pátio de proporções indefiníveis. E aqui, ao meio, a mesa onde estou deitada, sobre um colchão. Ao meu lado esquerdo, um oleado preto que termina num balde de água sanguinolenta. Depois o armário de medicamentos, espécie de cômoda de madeira cinza. As paredes se confundem com a abóbada, o que dá ao cômodo um ar pesado de esconderijo ou de algo subterrâneo. Elas estão pintadas em um tom pálido, e a metade inferior é preta com chamas vermelhas. O chão tem ladrilhos cinza.

Aqui à minha volta se movimentam o doutor, usando um paletó de algodão cinza, com sua boa aparência jovem e seu lornhão de míope; o cabo Rivière, seu quepe virado para trás, a barba dividida em dois, o pequeno cabo Guillaumin, menino imberbe: todos em mangas de camisa, mangas dobradas sobre braços limpos e brancos, com grandes aventais de corpo inteiro. Enfim, com terno de algodão branco, cinto vermelho e *chechiya* lisa, o atirador Ramdane, homem jovem da montanha, de expressão tranquila e franca, pouco sorridente, muito abaladiço, que se irrita facilmente com as brincadeiras travessas do *toubib* sobre a religião.

Confusa, com os membros quebrados, colocam-me novamente sobre a maca para me transportar para o quarto ao lado, e aqui deitam-me em uma cama alta e estreita, onde não encontro espaço algum para meu corpo mole e para meu braço que dói horrivelmente.

O calor tórrido de verão não está presente aqui para completar a ilusão de agonia, mas "o cheiro de morte" está, e as trevas funestas de noites de febre vêm forjar visões embaçadas, os pavores sem motivo, as angústias indefiníveis, os desesperos agudos, vêm articular os apelos loucos pela morte libertadora.

Pensamentos de isolamento, de abandono e de tristeza desoladora, sobretudo depois de 9 de fevereiro...

O quarto longo, estreito e abobadado, pintado de amarelo, metade inferior cinza, com uma linha vermelho-escuro de separação, ladrilhos cinza, ficava diante da lavanderia. Na placa da porta pesada lia-se: "Sala dos isolados".

Duas camas separadas pela mesa de cabeceira, um banquinho. Acima do encosto das camas há uma tábua pequena com uma jarra de chá, um copo de estanho e uma escarradeira branca. Na mesa de cabeceira, o pequeno castiçal de Slimène, o tabaco, o haxixe, os eternos copos de vinho e de café não bebidos que se acumulavam. Diante da minha cama, pregada na parede por quatro triângulos de papel fazendo as vezes de tachinhas, uma folha branca, com o título, numa letra cursiva sinuosa: "Anexo de El Oued — Hospital militar — Regulamento do serviço de saúde".

Essa folha, obra de algum sargento de outros tempos ou do próprio Gauguin, terminava com essa rubrica: "Punições disciplinares aplicadas aos doentes civis".

À esquerda da janela protegida com um cobertor marrom das tropas, a lamparina a óleo, cujo fulgor pálido e rosáceo ilumina minhas noites pavorosas. Abaixo, a "valise da classe" em cobre polido... Depois, excepcionalmente, haveria aqui ainda uma cadeira de vime para as visitas.

Nessa sala, apesar dos sofrimentos e da angústia da separação próxima, nós tivemos duas noites diferentes, alguns momentos de embriaguez que depois o bom *toubib* repreendeu duramente, tempestuoso e ameaçador, desarmado enfim pela constatação da onipotência do amor que tudo impõe e nada leva em consideração, tirânico e encantador.

Ao fim de pouquíssimo tempo, esse "hospital" se tornou familiar para mim como um verdadeiro alojamento. Conversas intermináveis com o *toubib*, primeiro na cama, depois na sala dele, no despojamento desse quarto branco que contrasta com o luxo pernóstico e próximo da sala dos Guillot.

Ora alegre, ora irritado e amargo, observador e reflexivo, pesquisador da alma, perplexo comigo, fraternal, maravilhado e frequentemente agressivo, sobretudo pela questão religiosa, o dr. Taste se tornou meu amigo muito rapidamente, mais íntimo ainda do que havia sido Domerg, mais tranquilo, mais pé no chão, mais simples também. Taste, apaixonado antes de tudo, com frequência abria sua alma para mim, me contando a respeito de suas amantes e ideias, suas aventuras e seus sonhos, curioso sobretudo pelo mundo dos sentidos, pesquisador de sensações invulgares, de experiências estrangeiras, sondando meu passado e sobretudo o mais recente, sentindo que, de tudo que eu pudesse saber, não poderia haver nada de verdadeiro e sincero além daquilo que o único homem que realmente amei e que me amou me ensinou despreocupadamente, pois o milagre do amor, eu diria o sacramento, se realiza apenas quando o amor é compartilhado e não unilateral, digamos assim.

Taste tentava conhecer a personalidade sentimental e sensual de Slimène, para assim adivinhar a minha, tendo de início se enganado completamente a respeito da primeira, por preconceitos de casta ou principalmente de graduação e sobretudo de raça, o francês pensando que o árabe é exclusivamente instintivo, animalesco, vendo no amor apenas o ato brutal, sem nada que o eleve e refine, o oficial imaginando o suboficial necessariamente como o clichê — e ainda, ele acredita, isso seria muita complacência — do mosqueteiro sentimental, passando da água de rosas duvidosa de declarações empoladas (do tipo Abdelaziz)* para a brutalidade de feitos animais. Seu interesse no caso e sua admiração sincera por mim aumentaram no dia em que ele soube, por Slimène, daquilo que ele mesmo ignora de si. A estranheza dessa natureza completamente excepcional não se parecia com a de mais ninguém, nem pelo bem, nem pelo mal.

Minha vida no hospital, apesar do amargor da separação de Rouha Khala** e da árdua luta para me defender das cobiças do ambiente, frequentemente brutais a ponto de me provocar mal-estar, ou inúteis a ponto de me perturbar, foi um dos períodos mais suportáveis dentre os últimos da minha vida na África, e desse hospital, refúgio da dor, perdido num oásis distante, guardo uma lembrança boa e enternecida. Eu o adorava e com frequência, desde então, sobretudo nos dias sombrios de Batna, senti falta dele, "morredouro" militar, como dizem lá, vestíbulo do cemitério, fábrica de mártires, sim, com frequência! Mas também às vezes, refúgio abençoado para o abandonado, o exilado, o desgraçado, o pobre e o soldado sem lar, sem família — e, acredito, mais frequentemente...

---

* Referência ao sultão Abdelaziz, que governou o Marrocos de 1894 a 1908.
** Em árabe, "alma gêmea", sendo uma referência a Slimène.

El Oued, fevereiro de 1901.

Depois dos primeiros dias de febre e de vaga angústia, sem motivo, na sequência de noites pavorosas, de noites tonitruantes, sem conseguir dormir, começo a renascer na vida, muito rapidamente.
    Ainda fraca, consigo me levantar e sair, me sentar por algumas horas por volta do meio-dia sob o pórtico baixo que circunda o hospital. E aqui, sob o Sol já quente, experimento uma sensação boa de renovação.
    É cinza e triste, entretanto, esse pátio amplo da casbá onde, entre todas as construções militares, se encontra o hospital.
    Nunca nada vai verdejar nessa paisagem de pedra e areia. Tudo aqui é imutável, e apenas a luz mais ardente e mais dourada do Sol nos conta que a primavera está voltando.
    Não há siroco, não há mais nuvens cinzas e pesadas. O ar é puro e leve, a brisa já está quase tépida.
    Eu me acostumei com essa vida monótona, nesse cenário invariável, e com os vultos, sempre os mesmos, que vão e vêm ao meu redor.
    Ao amanhecer, bem próximo, sob o pórtico da caserna dos *tirailleurs*, soa o despertador, de início rouco, como uma voz sonolenta, depois claro e imperioso.
    Imediatamente a grande porta range e se abre. O vaivém começa.
    Do nosso lado, são os enfermeiros em babuchas árabes que se levantam.
    Depois de um momento, alguém bate à minha porta, apenas encostada; o regulamento, dependurado ali, na parede, proíbe que se feche durante a noite. É Goutorbe, garoto loiro e silencioso, que traz a caneca de café, sempre com a mesma pergunta:
    — E então, como a senhora está hoje?

É ainda com esforço que me levanto, ao contrário dos conselhos do bom médico, que grita bastante e troveja, mas acaba sempre por me liberar.

Minha cabeça gira um pouco, minhas pernas estão moles; mas essa espécie de embriaguez é gostosa, e meu espírito parece se sublimar, se tornar mais apto a receber as impressões alegres dessas horas de convalescência.

Nesta manhã, fui me apoiar na parede da muralha e, pelas janelas, olhei para El Oued...

Nenhuma palavra seria capaz de traduzir a tristeza amarga dessa impressão: pareceu-me que eu olhava uma paisagem qualquer, por exemplo a de uma cidade desconhecida, não importa qual, vista do convés de um navio durante uma escala curta. O vínculo profundo que me prendia a esse *ksar*, a esse Souf* que eu quis tornar minha pátria, esse vínculo quase dolorido me pareceu ter sido rompido para sempre. Não passo de uma estrangeira aqui...

Aparentemente, vou embora com o comboio do dia 25, e isso será o fim... o fim, talvez para sempre.

E, para fugir dessa tristeza melancólica, me afastei dessa janela, para não ver nada além do "quartel" e sua vida especial, sempre a mesma.

Temos aqui, no momento, um atirador, um cabila grande e magro, de rosto ossudo, olhos fundos e inflamados. O médico diz que esse Omar é louco... Os árabes dizem que ele se tornou *marabout*.

Ele passa o dia vagando pelo pátio, cabeça baixa, o rosário na mão. Não fala com ninguém e não responde às perguntas.

Quando, ao acaso de nossos passeios, Omar me encontra, sem uma palavra ele segura minha mão e caminhamos juntos

---

* Região nordeste da Argélia, da qual El Oued é a capital.

assim, devagar, na areia pesada... De tempos em tempos o atirador fala comigo, quando estamos longe de pessoas indesejadas. As ideias dele não têm um encadeamento, mas ele não fala tantas coisas sem nexo. Ele é muito gentil, e me acostumei a ele.

— Si Mahmoud, é preciso orar; é preciso, quando você tiver ido embora, ir para uma zauia e orar...

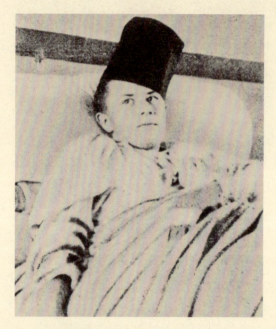

Eberhardt internada no hospital militar em Aïn Sefra alguns dias antes de seu trágico falecimento

Textos políticos

A chegada do colono

Jules Bérard, filho de um pequeno proprietário da região do Jura, depurado durante uma estadia na cidade, jardineiro, imbuído de ideias libertárias, queria levar para um novo território os poucos bens que seu pai lhe havia deixado. Bérard havia concebido à distância uma ideia dos agrupamentos franceses da Argélia, o que o havia seduzido. Esses agrupamentos deviam ser como as fortes famílias francesas enxameadas na terra virgem, levando sua energia, sua solidariedade florescente para lá, para longe do contexto restrito e rotineiro da vida metropolitana.

Claro, haveria muitas dificuldades lá: o clima por vezes letal, o solo desconhecido, a seca, o siroco, os gafanhotos, os locais... Os manuais que Bérard tinha lido falavam disso tudo. Mas lá ele encontraria outros colonos, já experientes, que lhe dariam dicas, que o aconselhariam, que o protegeriam.

E, depois de formalidades longas e custosas, Bérard tinha conseguido uma concessão no "centro" de Moreau que vinha crescendo e dependia da pequena cidade de *** no Tell da região de Constantina.*

---

* A geografia da Argélia é dividida entre o Sul saariano e o Norte, que é subdividido entre quatro regiões, sendo o Tell a parte sul da cadeia montanhosa, de solo fértil.

Bérard chegou a Moreau numa noite triste e nublada de outono. Estava escuro, estava frio, e um vento áspero curvava os eucaliptos esguios da rua principal.

— O senhor é o *francês* da concessão do *oued* Khamsa?

A estalajadeira, uma italiana grandona vestindo um *caraco* folgado, recebeu Bérard com essas palavras.

Bérard, com pressa em conhecer seus novos concidadãos, entrou na sala da estalagem.

Uma algazarra ensurdecedora tomava conta do lugar e o "Olá a todos" de Bérard se perdeu nela. Ele distinguiu alguns fragmentos de frases, em alto e bom som, com um sotaque que lhe parecia estrangeiro.

— Quando digo que ele está com o Santos, o chefe do b...!

— Mas como assim, nosso prefeito vai ser um *caoued*?

... E um terceiro recomeçava, com raiva:

— São todos uns vendidos, uns crápulas, uns ladrões!

O tumulto aumentava.

Um homem de cerca de trinta anos, moreno e de gestos exuberantes, veio se sentar diante de Bérard e, de repente, entabulou conversa:

— Então, você acabou de chegar? Dá para notar... mas, como somos franceses, não podemos cometer erros... Nós sabemos que eles vão imediatamente tentar confundi-lo, esses homens que fazem as vezes de assessores... Fique de olho... São todos uns canalhas, apátridas... São eles que devoram a colônia. Veja só: nas eleições do Senado, eles votaram no Machin, que é a favor dos *bicots** e contra os colonos. Já nós estamos do lado do prefeito. Você não pode deixar que eles o confundam, entende?

— Mas não vim para cá fazer política... Tanto faz para mim. Quero aprender as coisas, trabalhar.

---

* *Bic* ou *bicot* são expressões racistas para se referir aos magrebinos.

O colono o observou com uma expressão de surpresa hostil.

— Ah, sim... Isso nós sabemos. O governo dá concessões às pessoas da França que não estão nem aí para os interesses da colônia, que não querem ficar ao lado dos colonos, enquanto nossos filhos são obrigados a trabalhar lado a lado com os sarnentos...

E o colono se levantou...

Um outro o substituiu. Este ainda falou longamente para Bérard dos méritos do prefeito, um filantropo que... um homem de bem, isso sim! Esse ao menos estava do lado dos colonos. Ao mesmo tempo, o interlocutor de Bérard não parava de lançar invectivas e ameaças contra os vendidos, os franco-maçons, os ladrões, os *caras como o assessor Molinat*. Bérard escutava, aborrecido. Ele gostaria de pedir algumas informações úteis sobre o clima, a qualidade da terra, os trabalhadores. Mas a todas essas perguntas o colono respondia, irritado:

— Você vai ver... o clima? Bom, não é ruim... Você vai se ajeitar... Você vai fazer como nós...

E, de repente, ele voltava a repisar seu discurso "político", com uma eloquência extraordinária.

Bérard se esforçou para se livrar desse orador insaciável e saiu.

A rua estava deserta e escura. Depois de um passeio breve, Bérard entrou em outro bar. Aqui, também se gritava e conversava.

Bérard avistou um grupo de colonos um pouco tranquilos, jogando cartas, e se sentou à mesa deles, num canto.

— Então, senhores, por aqui as coisas estão indo bem? Acabei de fazer como vocês... virei colono.

De repente, Bérard percebeu um certo desconforto na atitude dos jogadores.

— Onde você se hospedou?

— Bem, na primeira estalagem, à direita, no caminho de ***.

Os jogadores se entreolharam, como se Bérard tivesse falado algo muito sério.

— Ah, um zé-ninguém, então. Então agora é assim que recrutam o pessoal deles, à força? Você não sabe onde se hospedou, senhor? Aquele lugar é um covil de ladrões, de bandidos... É onde se reúne o bando do prefeito, do usurário Girot!

— Mas para mim tanto faz. Eu me hospedei lá enquanto me estabeleço, me fixo!

— Mas você não entende que sua honra está em perigo se permanecer com aquelas pessoas? E, além disso, eles vão enrolar você. Você não conhece Girot, dá para notar.

Mais uma vez Bérard afirmou sua independência política, mas foi interrompido.

— Isso é inadmissível. Aqui, gostamos de tudo em pratos limpos: ou você está do lado das pessoas honestas, ou do lado dos ladrões... Não há nada que se possa fazer, de qualquer maneira... É assim.

— Estarei sempre ao lado das pessoas honestas — disse Bérard, de um modo evasivo.

Outro colono, a quem Bérard se dirigiu para obter alguns esclarecimentos, reagiu completamente diferente. Claramente hostil, ele se contentou em responder às perguntas do recém-chegado.

— Nós, filhos de colonos, nós ralamos, nós nos viramos como conseguimos. Então faça como nós, uma vez que lhe deram concessões... Mas, se você veio para cá, foi porque não conseguiu se ajeitar onde estava... É isso que o governo não consegue entender, quando insiste em mandar para nós um monte de gente que não sabe nada do país e quer se dar bem. Quando nós o tivermos visto com a mão na massa, conversamos... Agora não vale a pena.

Bérard foi embora.

Ele vagou por mais um tempo pela noite. Passou diante de uma vendinha aberta, iluminada por uma lamparina fumacenta, parou: havia ali árabes bebendo café. Para ver, ele entrou e pediu uma xícara.

Sentado em um canto, ele observou esses homens de uma outra raça, que lhe haviam dito ser inimiga da sua.

Molambentos, usando trapos europeus, eles tinham uma expressão miserável e sombria.

Quando entrou, alguns cochicharam, olhando para ele... E esse olhar era firme e hostil...

Bérard teve a ideia de conversar com o proprietário do café, que entendia francês.

— Eles não parecem felizes... Acho que eles não gostam da gente...

— Não, por quê? Tanto faz... mas dentre eles há quem tinha terra e trigo, antes da expansão territorial. Agora eles não têm nada... Então eles não estão contentes, entende? Mas não é nada importante.

Depois de beber sua xícara de café, Bérard foi embora. E ele entendeu que era um intruso. Todo mundo reclamava de sua chegada: os filhos dos colonos, pois queriam ter obtido a concessão para si mesmos... os árabes, porque haviam tomado suas terras...

E aqueles que o receberam com menos frieza tinham como objetivo apenas arregimentá-lo para este ou aquele partido... Uma grande tristeza lhe sobreveio ao coração, dessa desilusão, desse vilarejo hostil e escuro que agora dormia na noite fria.

Trecho de "Um outono no Sahel tunisiano"

Foi ali, na costa oriental da Tunísia, nos olivais profundos do Sahel, no outono.

Debaixo dos trajes masculinos e de uma personalidade emprestada, eu acampava nos *douar* do *caïdat* de Monastir, na companhia de Si Elarhby, califa. O rapaz nunca desconfiou que eu fosse mulher. Ele me chamava de irmão Mahmoud, e eu compartilhei sua vida errante e seus trabalhos durante dois meses.

Éramos responsáveis por cobrar, a contragosto, a *medjba* atrasada, imposto de capitação que os homens muçulmanos pagam na Tunísia.

Em todos os lugares, em tribos sombrias, indóceis e pobres, fomos acolhidos de maneira hostil. Sozinhos, os *burnous* vermelhos dos *spahis* e os azuis dos *deïra* o impõem a essas hordas famélicas... Si Larbi sentia um nó na garganta, e nós tínhamos vergonha disso que fazíamos — ele por dever, eu por curiosidade — como se fizéssemos algo de mal.

Entretanto, vivi ali momentos encantadores... Determinados nomes dessa região evocam em mim inúmeras lembranças.

Ao sair de Moknine, separada dos olivais por sebes de *hendi* (figueiras-da-índia), a estrada segue, empoeirada e reta, e os olivais parecem acompanhá-la indefinidamente, serpeantes como ondas e, como elas, prateados nas pontas.

... Uma pequena mesquita rústica, de um amarelo terroso, lembrando as construções de *toub* no Sul, algumas casas com a mesma tonalidade ocre, alguns escombros, alguns túmulos espalhados ao acaso: é o primeiro povoado de Amira, Sid'Enn'eidja.

Na frente da mesquita, um pátio pequeno tomado por ervas daninhas e, ao fundo, uma espécie de recanto abobadado, e ao lado dele uma figueira espalha suas imensas folhas aveludadas. E ali se encontra um poço, profundo e gelado.

Nós nos acomodamos numa esteira. Para ir mais rápido, Si Larbi pediu minha ajuda: faria o papel de escrivão.

Os *spahis* e os *deïra* trazem o xeque, um velho alto com feição de águia, de olhos amarelados, e todos os anciãos da tribo, acompanhados de seus filhos altos e magros debaixo de seus *sefseri* em farrapos. Que cambada estranha de rostos queimados pelo Sol e pelo vento, de cabeças enérgicas ao ponto da selvageria, de olhar sombrio e firme!

O xeque oferece explicações longas e confusas num tom choroso. A todo momento, em torno dele, irrompem gritos formidáveis, com a veemência repentina dessa raça violenta, que passa do silêncio e do sonho ao tumulto. Todos declaram sua miséria.

Chamo um a um, de acordo com uma lista.

— Mohammed ben Mohammed ben Dou'!

— *An'am*! (Presente)

— Quanto você deve?

— Quarenta francos.

— Por que você não paga?

— Eu sou um *rouge-nu*, Sidi. (Expressão idiomática tunisiana para *fakir*, "pobre".)

— Você não tem nem casa, nem um jardim, nem nada?

Com um gesto de resignação nobre, o beduíno levanta a mão.
— *Elhal-hal Allah!* (Seja o que Deus quiser.)
— Vá embora, pela esquerda.

E, com mais frequência, o homem sai, resignado, e vai se sentar com a cabeça baixa; pouco a pouco, os *spahis* os acorrentam: amanhã um dos cavaleiros vermelhos os levará a Moknine e, de lá, para a prisão de Monastir, onde eles farão trabalhos forçado até que tenham pagado o que devem...

Aqueles que confessam possuir alguma coisa, uma choupana singela, um povoado, algumas ovelhas, são deixados em liberdade, mas através do *deïra* o califa se apropria desse bem modesto para vendê-lo... E nossos corações sangram de dor quando mulheres em lágrimas levam a última cabra, a última ovelha a quem elas dispensam carinhos de despedida.

Depois, com um comboio triste e resignado de homens acorrentados arrastando-se conosco, caminhando entre nossos cavalos, seguimos adiante...

Chrahel, que os eruditos chamam de Ichrahil.

Algumas casas espalhadas entre os olivais mais exuberantes que em qualquer outro lugar... Nós montamos nossa barraca de nômades, baixa e comprida, feita de pelo de cabra.

Os *spahis* e os *deïra* se movem debaixo de seus trajes esplendorosos, acendem o fogo, vão requisitar a *diffa*, o jantar de boas-vindas oferecido bastante a contragosto, infelizmente!

Si Larbi, o *spahi* Ahmed e eu vagamos por um tempo no vilarejo ao crepúsculo.

Encontramos uma moça, sozinha, colhendo figos-da-índia.

Ahmed avança e lhe diz:

— Dá aqui os figos, gata! Tira os espinhos para nós não nos espetarmos, lindeza! A beduína é muito linda e muito séria.

Ela crava em nós seu olhar hostil e firme de olhos grandes e pretos.

— A maldição de Deus esteja convosco! Vocês vêm aqui para pegar o que é nosso!

E com violência ela esvazia o cesto de figos aos nossos pés e vai embora.

O cavaleiro vermelho, com um sorriso felino, estica a mão para pegá-la, mas nós o impedimos.

— Não basta prender os pobres velhos, ainda quer pegar as mulheres! — diz o califa.

— Ah! Sidi, eu não ia machucá-la!

E, no entanto, esses homens vestidos com roupas de cores fulgurantes saem desse mesmo povo, cuja miséria eles conhecem por terem dela compartilhado. Mas o *spahi* não é mais um beduíno, por ser soldado ele honestamente pensa ser superior a seus irmãos das tribos.

Passamos ainda quinze minutos conversando com um pequeno negro indescritível que encontramos no meio do caminho e que nos faz gargalhar pelo inesperado de suas respostas rápidas e de sua inteligência simiesca.

Então, depois do jantar, estirados e relaxados em nossos tapetes, escutamos o coro dos rapazes de Chrahel cantar.

O povo do Sahel é conhecido por ser musical, e os pastores dessas regiões compõem, ainda hoje, cânticos perfeitamente ritmados, de música e letra igualmente bonitas.

"Oh, mãe, mãe, minha amiga! Desde que a levaram ao cemitério, nada mais no mundo sorri para mim... O pesar mora em meu coração, e as lágrimas correm de meus olhos transformados em córregos amargos."

Ouço ainda:

"Cobri minha cabeça com meu *burnous* e chorei por Djenetta. Eu dizia a ela: Não venha comigo, pois talvez eu morra junto a ti. E nesse dia, se você chorar, as pessoas dirão: ele foi amante dela, ou ainda: aquele que ela amava se foi. Ele lhe jurava amor eterno, mas a esqueceu durante o ano. E a vergonha cairá sobre você..."

Já é quase meia-noite quando voltamos para nossas barracas.

Criminoso

No baixio úmido, cercado de montanhas altas e nuas e de falésias vermelhas, acabou de ser criado o "centro" de Robespierre.

Os terrenos para a colonização foram retirados do território dos Ouled-Bou-Naga, terras pedregosas e vermelhas, além disso pobres... Mas os "diretores", os "inspetores" e outros funcionários públicos de Argel, encarregados de "povoar" a Argélia e de auferir os vencimentos proconsulares, nunca vieram para cá.

Durante um mês acumulou-se a papelada, dispendiosa e inútil, para dar uma aparência de legalidade a isso que, na verdade, não passava da ruína de uma grande tribo e um empreendimento aleatório para os futuros colonos.

Alguém se importava? Ninguém se preocupava nem com a tribo, nem com os colonos nos escritórios de Argel...

Na vertente oeste da montanha, a porção dos Bou-Achour ocupava, desde tempos imemoriais, as melhores terras da região. Unidos por uma consanguinidade estreita, eles viviam em suas terras sem realizar nenhuma partilha.

Mas veio a expropriação, e realizou-se uma investigação longa e confusa em torno dos direitos *legais* de cada um dos *fellah* no terreno ocupado. Para isso, vasculharam-se as velhas atas amareladas e dobradas dos cádi de antigamente, estabeleceu-se o grau de parentesco entre os indivíduos de Bou-Achour.

Em seguida, baseando-se nessas descobertas, fez-se a partilha das indenizações a serem pagas. Também aqui a triste comédia burocrática traz seus frutos podres...

✳

O Sol de outono, quase sem calor, pintava com uma pátina de ouro pálido os prédios administrativos, feios e decrépitos. Nos arredores, as casas feitas de entulho se arruinavam e a grama crescia sobre as telhas opacas, desbotadas.

O grupo cinzento dos Ouled-Bou-Naga se amontoava em frente aos escritórios. Agachados no chão, envoltos em seus *burnous* de tonalidade uniformemente terrosa, eles esperavam, resignados, passivos.

Havia ali todas as variações do tipo de homem do Tell: feições berberes com traços sutis, de olhos vermelhos como aves de rapina; faces sobrecarregadas de sangue negro, lábios grossos, glabros; rostos árabes, aquilinos e severos.

Os véus enrolados de cordões pardos e os trajes flutuantes, que ondulavam ao sabor das atitudes e dos gestos, dando aos africanos uma nuance de arcaísmo e, sem as feias construções "europeias" da frente, a visão teria sido atemporal.

Mohammed Achouri, um velho alto e magro, de rosto ascético, traços duros, olhos apreensivos, aguardava um pouco afastado dos outros, desfiando as contas amarelas de seu rosário entre os dedos ossudos. Seu olhar se perdia na distância, onde uma poeira de ouro baço flutuava.

Os *fellah*, preocupados por trás de sua aparência resignada e fechada, falavam pouco.

Iam pagá-los por suas terras, justificar as vantagens que, antes da pressão definitiva, tinham feito cintilar em seus olhos ávidos, em seus olhos de pessoas pobres e simples.

E sobrevinha-lhes uma angústia de esperar tanto tempo assim... Haviam sido convocados para terça-feira, mas já era manhã de sexta e ainda não lhes tinham dado nada.

Todas as manhãs eles vinham aqui e esperavam, pacientemente. Então se dispersavam em grupos nos cafés mouros* de C..., comiam um pedaço de pãozinho, trazido do *douar* e endurecido, e bebiam uma xícara de café de um sou**... Então, a uma hora, voltaram a se sentar ao longo do muro e esperar... Iam embora para o *magh'reb* tristes, desanimados, falando baixinho palavras de resignação... e a ondulação de ouro vermelho do Sol se pondo enobrecia os trapos deles, enfeitava seu lento sofrimento.

No fim, muitos deles não tinham mais nem pão nem dinheiro para continuar na cidade. Alguns dormiam ao pé do muro, enrolados em seus trapos...

Na frente dos birôs, um grupo de homens conversava e ria: cavaleiros e guardas do campo se cobriam com seus grandes *burnous* azuis e falavam de suas aventuras com mulheres, até mesmo com bebida.

Às vezes um *fellah* vinha timidamente consultá-los... Então, com um gesto evasivo da mão, conhecido dos muçulmanos, os *makhzenia* e os *chenâbeth*, que também não sabiam de nada, respondiam:

— Osbor!... Aguarde...

---

* Embora sejam designados como "mouros", esses estabelecimentos surgiram no norte do continente africano durante o Império Turco-Otomano, sendo exclusivamente dedicados a clientes homens. Neles ocorriam apresentações musicais e encontros sociais em que se tomava café ou chá.

** Subdivisão da libra francesa que equivalia a 1/20 do franco, ou seja, ele pagou cinco centavos pelo café.

O *fellah* baixava a cabeça, voltava para seu lugar, sussurrando:

— Não há ajuda nem força além de Deus altíssimo!

Mohammed Achouri pensou e, agora, ele tinha dúvidas, se arrependia de ter cedido suas terras. Seu coração de camponês sangrava ao pensamento de não ter mais terra...

Dinheiro?

Para começar, quanto lhe dariam?... Então, o que ele faria com isso? Onde ele compraria outra terra, agora que tinha vendido o lote da terra provedora?...

Por fim, em torno das nove horas o *caïd* dos Ouled-Bou--Naga, um homem jovem, alto e bronzeado, de olhar duro e firme, veio realizar a chamada nominal das pessoas de sua tribo... Com um papel na mão, ele ficou parado na soleira do birô. Os *fellah* haviam se levantado com uma ondulação marinha de seus *burnous* esticados... Queriam cumprimentar seu *caïd*... Alguns beijaram seu turbante, outros, seu ombro. Mas ele os afastou do gesto e começou a chamá-los. Seu guarda do campo, um velho pequeno e fuxiqueiro, empurrava para a direita aqueles que respondiam quando seu nome era chamado, fosse com o *naâm* tradicional, fosse com "Sou eu...". Alguns arriscaram até um "brésent!" (presente) militar.

Depois o *caïd* os conduziu diante dos birôs que eles chamam pelo nome genérico de "Domaine" (receita, contribuições, domínios etc.).

O *caïd* entrou. Ofereceram a ele uma cadeira.

Um cavaleiro, na soleira, chamava os Ouled-Bou-Naga e os fazia entrar, um a um.

Entre os últimos, Mohammed Achouri, que entrou.

Diante de uma mesa preta entalhada com um formão, um funcionário público europeu, num terno gasto, ocupava seu lugar. De pé, o *khodja*, jovem e míope, com um pincenê, traduzia.

— Achouri Mohammed ben Hamza... Você é primo, por parte do seu tataravô, de Ahmed Djilali ben Djilali, que possuía os terrenos do local chamado "Oued-Nouar", território dos Bou--Achour. Assim, você tem direito legal de propriedade dos campos chamados de Zebboudja e Nafra... Feitas todas as contas, pagos todos os impostos, você tem a receber, como indenização pela venda, a soma de *onze centavos e meio*... Como não há centavos, eis aqui.

E o funcionário público colocou dois sous na mão estendida do *fellah*.

Mohammed Achouri permaneceu imóvel, ainda esperando.

— Pode ir, *roh*! *Balek*!*

— Mas eu vendi meu terreno, um acre e meio de terra e muitos hectares de florestas (mato)... Me dê o meu dinheiro!

— Mas você o recebeu... Isso é tudo! Vamos, o próximo! Abdallah ben Taïb Djellouli!

— Mas isso não é pagamento, dois sous!... Deus é testemunha...

— Não me venha com nome de Deus! *Balek fissaâ*!**

O cavaleiro empurrou o *fellah* para fora e, assim que ele chegou à rua, baixou a cabeça, sabendo que era inútil discutir.

Em um grupo compacto, os Ouled-Bou-Naga permaneceram ali, como se um lampejo de esperança ainda restasse para eles na inclemência das coisas. Eles estavam estarrecidos, com o olhar tristemente estúpido das ovelhas que vão para o abatedouro.

— Precisamos ir reclamar para o administrador — sugeriu Mohammed Achouri.

E, em um grupo pequeno, eles foram até os birôs da comuna mista, no meio da cidade.

---

* "Cuide-se", em árabe coloquial.
** "Rápido, cuidado" ou "Cuidado neste momento", em árabe coloquial.

O administrador, homem de respeito, fez um gesto evasivo com as mãos...

— Não posso fazer nada... Eu disse a eles, em Argel, que era a ruína da tribo... Eles não quiseram saber, eles mandam, nós obedecemos... Não há nada que se possa fazer.

E ele tinha vergonha de dizer isso, vergonha da ação perniciosa que o obrigaram a fazer.

Então, uma vez que o *hakem*, que não lhes tinha causado pessoalmente nenhum mal, lhes dizia que não havia nada a ser feito, eles aceitaram sua ruína em silêncio e foram embora em direção ao seu vale de origem, onde a partir de então não passavam de pessoas pobres.

Sobretudo não conseguiam entender, e isso lhes parecia injusto, que alguns deles houvessem recebido somas relativamente altas embora tivessem sempre trabalhado numa extensão de terra bem inferior àquelas com que outros se ocupavam, e que esses últimos houvessem recebido apenas centavos, como Mohammed Achouri.

Um cavaleiro, filho de *fellah*, quis explicar a eles o motivo dessa discrepância de tratamento.

— Mas o que importa o parentesco com as pessoas que morreram e que Deus guarda em sua misericórdia? — perguntou Achouri. — Se nós vivíamos em comunidade, era preciso dar mais dinheiro àqueles que trabalhavam em mais terras!...

— O que você quer? São os *hokkam*... Eles sabem mais do que nós... Deus quis assim...

Mohammed Achouri, sem ter mais do que viver, quando o produto da venda de seus animais se extinguiu, foi trabalhar a terra do M. Gaillard, o colono que recebeu a maior parte das terras dos Bou-Achour.

M. Gaillard era um homem de respeito, um pouco rude também, enérgico e, no fundo, bom e honesto.

Ele havia observado o jeito claramente fechado, dissimulado, de seu trabalhador. Os outros empregados da mesma tribo também eram hostis, mas Mohammed Achouri expressava um distanciamento mais decidido, mais franco com relação ao colono, cujas abordagens diretas e singelas ele jamais respondia.

No dia seguinte à colheita, porque o coração dos *fellah* sangrava de ver se acumular toda essa bela riqueza nascida em suas terras, as pilhas de feno do M. Gaillard e seu celeiro recém-construído arderam em uma bela noite escura e quente.

Reuniram-se provas incontestáveis contra Achouri. Ele negou, tranquila e obstinadamente, como último argumento de defesa... E foi condenado.

Seu espírito obtuso de homem simples, seu coração de pobre despojado e enganado em nome de leis que ele não conseguia entender, tinham dirigido todo seu ódio e rancor, na impossibilidade de se vingar do *beylik*, contra o colono, o usurpador. Provavelmente tinha sido ele quem zombara dos *fellah* e dera a ele, Achouri, os dois sous derisórios de indenização por toda essa terra que ele lhe havia roubado! Ele, ao menos, estava ao alcance da vingança...

E, consumado o atentado, esse atentado que Mohammed Achouri continuava a considerar uma obra de justiça, o colono se perguntou com um estupor doloroso o que havia feito a esse árabe a quem dera trabalho para que ele o odiasse a esse ponto... Nem um, nem outro desconfiava que agora eles eram as vítimas solidárias de uma mesma injustiça grotescamente triste!

O colono, próximo e acessível, havia pagado pelos funcionários públicos distantes, bem tranquilos em seus palácios de Argel... E o *fellah* fora arruinado, pois o crime é frequentemente, sobretudo para os humilhados, um último gesto de liberdade.

Fellah

A vida do *fellah* é monótona e triste, como as estradas poeirentas de sua região, serpenteando para o infinito entre colinas áridas, avermelhadas, sob o Sol. Ela se constitui de uma sucessão ininterrupta de pequenas misérias, pequenos sofrimentos, pequenas injustiças. É raro haver drama e quando, por acaso, ele vem romper a monotonia dos dias, também é reduzido a parcelas muito claras e muito mínimas na resignação cotidiana e disposta a tudo.

Em meu relato verídico, portanto, não haverá nada disso que costumamos encontrar em histórias árabes, nem *Fantasias*,* nem intrigas, nem aventuras. Nada além da miséria, pingando gota a gota.

Sob o açoite do vento marítimo áspero e gelado, apesar do Sol, Mohammed Aïchouba empurrava sua primitiva carroça atrelada

---

* *Fantasia* é a definição de uma tradição de espetáculos equestres do Magrebe. São também chamados de jogos de cavalos ou jogos de pólvora.

a duas pequenas éguas magras de raça bastarda e pelagem de um amarelo sujo. Mohammed fazia um grande esforço para enfiar a relha na terra vermelha, pedregosa. Pelo hábito, e também por falta de ferramentas e de coragem, Mohammed se contentava em contornar os arbustos de lentisco e as pedras grandes demais, sem nunca tentar livrar sua pobre terra deles, o *melk* hereditário e indivisível dos Aïchouba.

O pequeno Mammar, o filho de Mohammed, agarrado na *gandoura* terrosa de seu pai, insistia em seguir o traçado onde, um dia, seria provavelmente sua vez de puxar o velho arado.

Mohammed se aproximava dos cinquenta anos. Alto e seco, de ossatura forte, ele tinha um rosto alongado, bem-feito, enquadrado por uma barba preta curta. Seus olhos, de um castanho-claro, tinham uma expressão ao mesmo tempo sagaz, desconfiada e fechada. Entretanto, quando o pequeno Mammar se aproximava demais do arado, o pai o afastava suavemente, e seus olhos mudavam. Um sorriso percorria seu olhar cheio de uma escuridão acumulada durante séculos de servidão.

Um véu rasgado, apenas passado sobre a cabeça, dava a Mohammed, em seus farrapos, um ar de lavrador da Bíblia...

O terreno se situava na vertente de um morro árido, no meio do caos de colinas que dominava de todos os lados uma muralha azulada de montanhas de sinuosidades diversificadas.

À frente, na outra margem de um barranco, viam-se os *gourbis* do território de Rabta, da tribo dos maïne.

O *gourbi* dos Aïchouba ficava um pouco afastado, ao pé da falésia vermelha que cortava a montanha de modo brusco. Quatro paredes de pedras soltas, com buracos cheios de terra e mato, um telhado de *diss*. A única aberta era a porta muito baixa, como a entrada de uma toca. Uma sebe de espinhos e galhos de lentisco escondia as mulheres de dia e protegia o rebanho de noite.

Mohammed era o primogênito, o chefe de família. Seus dois irmãos, mais jovens, moravam sob seu teto. O primeiro, Mahdjoub, era casado. Ele não tinha interesse no trabalho do campo, criava bodes e cabras e frequentava os mercados. Benalia, o caçula, não se parecia com seus irmãos. Ele tinha dezoito anos e recusava-se a casar.

Ele cuidava do rebanho e caçava em pontos proibidos na montanha. Ladrão eventual, malfeitor irredutível apesar dos castigos fraternais, ele passava seus dias sentado em cima de alguma pedra diante do grande horizonte dourado tocando a flauta beduína ou improvisando reclamações. Talvez, em sua tribo, somente ele enxergasse o esplendor do cenário que os cercava, a ameaça das nuvens sobre o cume das montanhas escuras e o sorriso do Sol nos vales.

No *gourbi*, Benalia mantinha um silêncio quase desdenhoso. Ele não se envolvia nem nas disputas de interesse entre os dois irmãos mais velhos, nem nas discussões intermináveis das mulheres.

Essas eram numerosas na semiescuridão do grande *gourbi*. Mohammed tinha duas esposas e Mahdjoub, uma. Havia ainda lá as irmãs sem idade de casar ou divorciadas, as tias velhas e a mãe Aïchouba, a ancestral decrépita das crianças que pululavam, carregadas nas costas das mulheres curvadas prematuramente. E era uma grande família exigente e sagaz, mesmo que medrosa.

Enquanto os homens ficavam do lado de fora, as mulheres trituravam o trigo duro em pequenos moinhos velhos e pesados, e cozinhavam os pães ázimos em um forno de barro que se assemelhava a uma toca gigante, a qual se fechava por meio de uma panela cheia de água pela metade.

Quando os trabalhos rudimentares com a terra e o rebanho não exigiam sua presença, Mohammed e Mahdjoub iam, como os outros homens do território, sentar em esteiras velhas perto de uma cabana onde um homem de avental e turbante vendia café e chá.

Ali, falava-se devagar, interminavelmente, de assuntos de interesse comum, com a preocupação dos camponeses sempre atentos à vida da gleba. Estimava-se a colheita; lembrava-se do último mercado; comparavam-se os anos.

O mercado tem um papel importante na vida beduína. Ele exerce uma espécie de fascinação nos *fellah*, muito orgulhosos do mercado de sua tribo. "Ele já vai ao mercado", diz-se de um rapaz que atingiu a idade viril.

Às vezes, alguém contava uma história ingênua e simplória, a revelação de tesouros escondidos na montanha e protegidos por gênios, lendas dos velhos tempos ou histórias maravilhosas sobre as panteras, hoje ainda numerosas, e os leões.

A fé dessas tribos berberes da montanha, muitas das quais falam seu idioma, o *chelha*, é moderada, e elas ignoram profundamente o Islã. Apenas os anciãos fazem as orações como manda a tradição. Por outro lado, os *marabouts* são muito venerados, e há uma infinidade de *koubba* ou apenas lugares sagrados aonde se vai em peregrinação, em memória de algum crente solitário.

Na casa dos Aïchouba, apenas Mohammed orava e trazia no pescoço o rosário da confraria dos Chadoulia...

E os dias corriam no torpor resignado, na monotonia da miséria por muito tempo suportada.

... O ano começava mal. No momento da semeadura de inverno, a chuva havia encharcado a terra e transformado os caminhos árabes, trilhas árduas e sinuosas, em torrentes d'água. Na verdade, apesar dos impostos árabes serem tão pesados, os *douar* ainda não possuem vias de comunicação e não se faz nada em favor de sua comodidade, desenvolvimento ou salubridade. O *fellah* deserdado paga e se cala.

As terras do território de Rabta são pobres, desgastadas ainda pela má cultura sem adubo. O mato próximo as invade.

Neste ano, há ameaça de faltar o pão preto e o *maâch*, o cuscuz grande e grosseiro; vai ser bastante difícil pagar o imposto; e um lamento surdo, um grito de angústia começa a se alastrar por colinas e vales.

Não havia, entretanto, nenhuma revolta nas atitudes e nas falas dos *fellah*. Eles sempre foram pobres. Sua terra sempre foi dura e pedregosa, e sempre houve um *beylik* a quem se deveria pagar o imposto. Não se guardava lembrança alguma de uma época de ouro dos beduínos.

Eles viviam de esperanças breves, à espera dos próximos acontecimentos que levariam um pouco de bem-estar aos *gourbi*: se Deus quisesse, a colheita seria boa... ou então venderiam os bezerros e cordeiros e entraria um pouco de dinheiro. Tudo isso, mesmo que as coisas caminhassem da melhor maneira possível, não mudaria em nada a vida eternamente igual do *douar*. Mas a esperança faz o tempo passar e ajuda a suportar a miséria.

... O beduíno é litigioso por natureza e gosta de se envolver em processos. Ele considera uma necessidade, quase uma honra, ter processos em curso, misturar as autoridades em seus assuntos, mesmo os privados. Mohammed Aïchouba e seu irmão Mahdjoub haviam diversas vezes submetido suas diferenças ao *caïd*, até mesmo ao administrador, e ainda assim continuavam morando juntos.

No *gourbi*, era Aouda, a mais velha das duas esposas de Mohammed, que começava as disputas. Faladora e amarga, ela sentia uma necessidade sem fim de brigar e gritar, de sair contando o que um disse do outro e ela engenhosamente escutou. Quando as brigas ultrapassavam um pouco o comum, Mohammed pegava um cassetete e batia em sua esposa com todas as suas forças, pondo fim à disputa por algumas horas. Mas não havia limites para a sagacidade e a maldade de Aouda. Ela detestava sobretudo Lalia, a esposa jovem de seu marido, criatura doce, bonita e recém-chegada à idade de casar, que ficava calada, suportando todas as humilhações de Aouda e ainda a chamando de Lèlla (senhora).

Mohammed, sem demonstrar sua ternura, tinha, no entanto, uma queda por Lalia, e nunca voltava do mercado sem trazer algum presente para sua nova esposa, aumentando assim o ódio e o ciúme de Aouda. Esta tinha dois filhos, duas meninas, e contava com essa maternidade para impedir que seu marido a repudiasse. Mas as meninas já estavam bem grandes e Mammar, o favorito de Mohammed, era filho de Khadidja, a primeira esposa de Mohammed, que tinha morrido. Os laços que ligavam Mohammed a Aouda eram, portanto, bastante frágeis.

Como é costume entre os berberes da montanha, os pais de Aouda a estimulavam mais a ir contra seu marido para provocar um divórcio vindo dele, pois assim ele perderia o *sedak*, o valor de resgate de sua esposa, que os pais na sequência fazem se casar novamente, recebendo outra quantidade de dinheiro.

✳

... Terminado o trabalho, Mohammed pesou o grão e sentiu um nó na garganta ao ver que não havia o suficiente para a semeadura. Ainda faltavam cerca de quinze francos. Onde arrumar esse dinheiro? Ele deveria ir, como nos anos anteriores, conversar com M. Faguet, ou com os cabilas que moravam nos "centros" de Montenotte e Cavaignac? Ele já devia muitas centenas de francos tanto a um quanto aos outros. Sua terra e o rebanho de Mahdjoub eram a garantia.

Ele já tinha visto serem leiloados um campo de cevada e três lindas figueiras, que M. Faguet comprara por meio de um de seus *khammès*.

Os usurários! Eles podiam, sozinhos, tirá-lo de apuros. Era preciso semear. E Mohammed fazia contas, se perguntando se ele falaria com o *roumi* de Ténès ou com os cabilas dos vilarejos. M. Faguet lhe emprestaria o grão in natura pelo dobro do preço corrente; os cabilas, por um empréstimo de quinze francos, fariam com que ele assinasse uma nota de trinta...

Mohammed caminhava devagar por sua terra, pensando nos usurários. O vento frio penetrava no velho *burnous* rasgado, na *gandoura* em trapos, e chorava sua tristeza imensa em torno dessa tristeza humana.

✳

... O "centro" de Trois-Palmier, em árabe Bouzraïa, é um vilarejo criado oficialmente. Os terrenos de colonização foram retirados das melhores parcelas das tribos dos Hemis e Baghadoura por expropriação; apesar disso, o vilarejo europeu deve sua prosperidade relativa apenas ao grande mercado árabe da sexta-feira.

Debaixo dos eucaliptos de folhagem avermelhada pelo inverno, numa encosta coberta de pó, move-se uma multidão compacta: *burnous* acinzentados, *burnous* marrom, véus brancos. Nos gritos de homens e animais, os beduínos vão e vêm. Chegam alguns; outros se acomodam. E um grande clamor se eleva, grito ganancioso dessa humanidade cujo único pensamento é ganhar dinheiro. Vender o mais caro possível, enganar se necessário, comprar a um preço vil: é esse o objetivo dessa multidão díspar, mistura confusa de europeus, árabes, cabilas e judeus, todos semelhantes em sua sede de lucro.

... Mohammed e Mahdjoub chegaram ao mercado assim que amanheceu. Ao longo do percurso, tinham caminhado juntos, acompanhados de seu irmão mais novo Benalia, que à sua frente puxava três cabras que Mahdjoub queria vender. Mohammed estava montado em sua pequena égua, com Mahdjoub na garupa, enquanto Benalia caminhava a pé. Ele cantava: "O pastor estava na montanha. Ele era pequeno; ele era órfão. Ele tocava flauta. Ele cuidava das ovelhas e das cabras de Belkassem. A pantera chegou, no cair da noite, na beira do bosque: ela devorou o pequeno pastor e o rebanho... Os filhos de Belkassem choraram seu belo rebanho, suas belas cabras... Ninguém chorou pelo pequeno pastor, porque ele não tinha pai...".

Benalia cantava de improviso, e sua voz jovem e alta saía da floresta em eco, indo para a montanha cheia de terror. Era poeta sem saber, dizia a verdade de sua raça e cantava as realidades da vida dos *douars*... Mas, ladrão e malfeitor, não conquistava a atenção de ninguém e não tinha a estima dos homens de sua tribo.

... Assim que chegaram ao mercado, os três irmãos se separaram, segundo o costume árabe. Mohammed tinha apenas uma pequena jarra de manteiga para vender e rapidamente foi procurar o cabila que emprestava dinheiro, Kaci ou Saïd.

De camisa azul e turbante amarelo, alto e magro, o *zouaouï* desembalava um pacote grande de lenços e tecidos de algodão claros. Ao ver Mohammed Aïchouba, ele sorriu.

— Você de novo? Não vai bem? O que há?

— Deus seja louvado sempre! Apenas o bem existe.

— Você precisa de dinheiro?

— Sim, venha aqui no canto; vamos conversar.

— Você já me deve duzentos francos. Deve a outras pessoas, até para M. Faguet.

— Eu pago os juros. Trabalho apenas para pagar vocês e os impostos.

— Não vou lhe emprestar mais com o mesmo valor de juros. É muito pouco, já que é preciso esperar tanto.

— Isso não é coisa de muçulmano! Deus te impediu de fazer empréstimos, mesmo com um centavo de juros.

— Nós dividimos o pecado: fazemos empréstimos, mas vocês árabes pegam emprestado. Sem a ganância de vocês, a quem emprestaríamos?

— Os judeus que lhe ensinaram esse trabalho.

— Chega. Você quer o dinheiro ou não? De quanto você precisa?

— Pelo preço corrente do trigo duro e da cevada, preciso de dezesseis francos.

— Dezesseis francos... Você assinará uma nota de trinta e dois francos.

— Eis um negócio de judeu! Com que pagarei juros assim?

— Dê um jeito.

A negociação foi longa e feroz. Mohammed na defesa, com a esperança de ganhar alguns sous. Kaci ou Saïd via que ele estava em suas mãos e folgava, tranquilo. Enfim, sem que o usurário tivesse cedido um centavo, o negócio foi fechado. Na manhã seguinte iriam ao intérprete, assinariam a nota e, para estar de acordo com a lei, anotariam nela a menção benigna "Valor recebido em grão", afastando a ideia de usura. Mohammed Aïchouba teria dezesseis francos para completar suas sementes e, depois da colheita, devolveria o dobro.

Ele passou a noite, enrolado em seu *burnous*, perto do café mouro. Uma inquietude lhe sobreveio: com a colheita fraca que com certeza teria, uma vez que o ano começava frio demais e com chuva em excesso, como pagaria todas as dívidas que venceriam inexoravelmente depois da colheita, em agosto? Mas ele se consolou dizendo a si mesmo: "Deus proverá". E dormiu.

... Durante a ausência dos homens, uma senhora enrugada, de nariz adunco, pequenos olhos sem cílios, vivos e penetrantes como gavinhas, tinha vindo ao *gourbi* dos Aïchouba. Era a mãe de Aouda, esposa de Mohammed.

Ela havia puxado sua filha para um canto e, falando com veemência e em voz baixa, fazia seus braceletes de prata soarem em seus pulsos magros a cada gesto brusco.

— Você é burra. Por que você continua na casa do seu marido? Você sabe muito bem que as outras mulheres da sua idade estão bem-vestidas, sendo mimadas por seus maridos. Você sabe muito bem como ele trata aquela cadela da Lalia, que ele prefere a você. Por que você fica? Vá se refugiar na casa do seu pai. Se seu marido vier buscá-la à força, vá ao administrador. Depois disso, Aïchouba vai repudiá-la, pois ele se apega aos costumes, e quando você tiver descoberto o rosto diante dos *roumis*, ele não vai mais querê-la... Então nós encontraremos um marido muito melhor para você.

— Tenho medo.

— Ah, deixa de ser besta! Você não é o meu amorzinho? Eu faria algum mal a você? Do que você tem medo? Você não tem seu pai? Seus irmãos não são dois leões?

Aouda, a bochecha apoiada na palma da mão, pensava. Ela não tinha nenhum afeto por seu marido e o temia. Se sentia ciúme de Lalia, era apenas o sentimento da mulher ferida em seu amor e dignidade. Era apenas porque Mohammed oferecia presentes e enfeites para Lalia, e Aouda tinha inveja.

Aouda tomou uma decisão.

— Na segunda-feira, eles vão ao mercado de Montenotte. Diga a meu pai e aos meus irmãos para virem me buscar com a mula cinza.

— Primeiro arme uma briga com seu marido. Diga a ele para lhe dar os mesmos objetos que dá para Lalia e para que a deixe vir passar alguns dias conosco. Ele vai recusar, e você insiste. Vai bater em você e já na terça-feira vamos nos queixar ao administrador, se ele não a repudiar.

Entrou uma mulher aos prantos. Era Aïcha, uma vizinha. Ela se agachou em um canto e começou a se lamentar. Quando ainda era jovem, ela tinha um rosto agradável, sem as tatuagens que cobrem sua testa, suas bochechas e seu queixo.

— Que você tem, minha filha? — perguntou a velha. — Os seus filhos estão doentes?

— Ah! Mãe, mãe! Noutro dia, quando meu marido estava trabalhando com o *caïd*, os *zouaoua* passaram. Eles me mostraram lindos lenços de seda rosa, a quatro francos. Comprei dois, porque o cabila prometeu que esperaria até o fim do mês. Minha mãe me daria o dinheiro. Agora o cabila quer que eu lhe pague doze francos e me intimou na Justiça. Meu marido me bateu e quer me repudiar. Não sei se ele terá o dinheiro para pagar... Tenha piedade, Deus!

— Quanto a mim — disse Aouda —, nunca compro a crédito. Já escondi lã de mais de três francos, e quando faço manteiga escondo um pouco, que peço para as crianças venderem. O grão também vendo escondido... assim tenho dinheiro para comprar coisas que quero ter.

Mas a irmã de Mohammed, Fathma, se aproximava, e as mulheres tiveram pena da sorte de Aïcha, a vizinha.

— Queime um pouco de chifre de carneiro da grande festa e coloque as cinzas na comida do seu marido; ele não poderá mais repudiá-la. Não experimente você mesma, isso impede que as mulheres engravidem.

A velha conhecia os feitiços.

Aïcha juntou as mãos, depois beijou o pedaço imundo da *mlahfa* da enrugada:

— Mãe, eu suplico, venha comigo. Meu marido foi embora; prepare o chifre para mim. Tenho dois, justamente.

— Depois de fazer isso, precisarei perfumar meu *gourbi* com benjoim durante quatro dias e queimar duas velas de cera virgem para Sidi-Merouan. Me dê seis sous e eu vou.

Das dobras do lenço de cabeça de Aïcha, os seis sous passaram para uma dobra do *mlahfa* da velha, que então se levantou, pediu seu *haïk* e sua bengala.

— Na segunda-feira, ao meio-dia. Não se esqueça da lã, sobretudo... — ela sopra no ouvido de sua filha.

Mohammed, exausto, encharcado de chuva, retornou no dia seguinte, à noite, com o dinheiro do cabila que recebeu na antessala do intérprete, a nota assinada.

Encontrou seu pequeno Mammar queimando em febre no colo de Lalia, que o ninava.

Aouda, ocupada com a limpeza, resmungava:

— Sou sempre eu que trabalho! A outra, nunca. Aposto que para ela trouxeram presentes. Para mim, nada, nunca!

Mohammed, dolorosamente abatido pela doença súbita do menino, se virou em direção a Aouda.

— O que você está rosnando como uma cadela?

— Peço a Deus que tenha pena de mim...

E ela desfia o rosário de suas reclamações, mas com uma insolência excepcional.

— Fique calada — dizia Lalia, conciliadora. — Você não está vendo... o menino está doente, o homem está cansado.

— Você, filha de serpente, não abra a boca para falar comigo. Você está orgulhosa porque está bem-vestida, víbora!

Mahdjoub dá de ombros, sem paciência.

— Se você fosse minha mulher — ele disse —, eu a colocaria da porta para fora aos pontapés. Esse aí é paciente demais.

Ao fundo, Mohammed tinha, sim, vontade de repudiar Aouda, mas lamentava o dinheiro de seu resgate e se contentou, como sempre, em fazê-la se calar, batendo nela.

No dia seguinte, o estado do menino piorou. Mohammed, desconsolado, velou por ele, triste. Os remédios das velhas não curaram o menino e, de noite, ele morreu. Quando as mãozinhas dele caíram inertes, Mohammed crispou suas mãos calosas no pequeno corpo e ficou ali, chorando aos soluços, gemendo, como uma criança.

Em volta dos montes de panos que serviam de cama para o pequeno Mammar, as mulheres, agachadas, entoavam longos uivos lúgubres, arranhando seus rostos. Aouda, por necessidade e hábito, imitava as outras, mas em seus olhos negros brilhava uma alegria maldosa.

E Mohammed chorava ali sua última miséria, a morte de seu filho único, o pequeno Mammar, tão bonito, tão cheio de vida, que o seguia por todos os lugares, que fazia carinho nele, que era sua única alegria.

Pouco a pouco o *fellah* parou de chorar e ficou ali, agachado, imóvel, olhando o corpo de seu filho... Depois levantou as mãozinhas crispadas que ainda pareciam se entregar, a cabecinha de olhos fechados... E, com um longo grito de animal ferido, ele caiu de novo em cima dos panos e chorou, chorou até de manhã, quando as mulheres lhe pediram o menino para lavá-lo e enrolá-lo em uma mortalha branca, estreita como uma toalha.

Mammar foi enterrado na colina, na terra pedregosa. Mohammed, sombrio e mudo, jogou pedras e galhos e construiu uma cabana ao pé da figueira onde ele brincava com seu filho todos os dias. Levou para lá alguns trapos, sobre uma esteira velha, e se deitou. Mas uma outra semana começou. Faltava dinheiro; ele precisava vender mais manteiga e mel e comprar o grão com o dinheiro do cabila. Depois, era preciso semear. Mahdjoub chamou seu irmão mais velho.

— Irmão, para quem vou trabalhar agora que meu filho está morto? — disse Mohammed, levantando-se triste, sem força e sem coragem, para a obrigação.

— É a vontade de Deus. Ele com certeza lhe dará outro filho...

Durante a ausência de Mohammed, o pai e os irmãos de Aouda vieram buscá-la e ela foi embora, os olhos secos, carregando suas roupas, sem dar adeus a todas essas mulheres que tentaram segurá-la ali.

Depois que ela foi embora, as outras disseram, aliviadas: "Que o mar a afogue! Ela é maldosa demais!".

Mohammed teve de ir se queixar ao *caïd*, requisitando sua esposa. Mas o velho chefe o aconselhou a repudiá-la, prevendo numerosos aborrecimentos se ele a reintegrasse ao domicílio conjugal. E Mohammed repudiou Aouda, instaurando um pouco de paz no *gourbi* enlutado pelo pequeno Mammar.

Depois Mohammed semeou sua terra. Ele caminhava ao longo dos sulcos jogando a semente e lhe doía olhar para essa terra vermelha tão difícil de trabalhar, e que ele havia regado com tanto suor... Eis que, agora, ela lhe havia tomado seu filho único, seu pequeno Mammar, que ainda outro dia corria como um cervo feliz nesses mesmos sulcos.

De repente Mohammed parou: na argila vermelha, um vestígio, quase apagado, resistia: o vestígio de um pezinho descalço. O *fellah* se agachou ali, abandonando seu trabalho, e lhe sobreveio uma nova explosão de dor, a última, pois, na sequência, ele se resignou a seu destino. Ele pegou com cuidado a argila com a pegada do pezinho, a modelou em seus dedos, a amarrou em um pedaço de seu véu. De noite, colocou o torrão de terra em um canto de seu *gourbi*, como um talismã. Depois baixou a cabeça sob o jugo do *mektoub* inelutável e trabalhou pelo pão velho de sua família.

... O vento e o granizo conseguiram destruir quase toda a colheita, e o grande grito, o lamento dos *fellah* que, na primavera, tinha ressoado nos vales e nas colinas, circulou de um horizonte a outro, da planície do Chélif ao mar, como um clamor pavoroso diante da fome que se aproxima.

Os credores foram impiedosos. A terra foi vendida e o produto, dividido entre M. Faguet, os cabilas e o *beylik*, para os impostos.

Sem trabalho, sem trigo, os Aïchouba foram reduzidos a seu pequeno jardim de melões e melancias. Sem terra, Mohammed se viu de repente desocupado, inútil como uma criança ou um velho impotente. Melancólico, ele vagou pelas estradas. Para manter a família, Mahdjoub teve de vender pouco a pouco seus animais. Também ele silencioso, curvado sob o jugo do destino, ele se tornou o chefe da família, pois cada vez mais Mohammed abandonava o *gourbi* para vagar.

Certo dia, Benalia viu seu irmão caminhando, a cabeça baixa, na terra que havia pertencido a eles. Ele procurava alguma coisa.

Timidamente, tomado de medo, Benalia foi avisar Mahdjoub, que veio ao campo.

— Si Mohammed, o que você está fazendo aqui? A terra não é mais nossa, assim é a vontade de Deus. Venha, não podem vê-lo aí.

— Me deixe.

— Mas o que você está procurando?

— Procuro o vestígio dos passos do meu filho.

E Mahdjoub entendeu que seu irmão tinha se tornado *derouich*.

Poucos dias depois, Mohammed estava sentado, silencioso como sempre desde então, diante de sua cabana, e Mahdjoub levava os animais para o bebedouro; Benalia, sentado diante do *gourbi*, tocava flauta. De repente Mahdjoub voltou correndo.

— Si Mohammed! Os policiais estão vindo em direção ao *gourbi*!

Ele pedia ajuda e proteção ao primogênito por hábito, mas Mohammed respondeu:

— O que eles ainda querem de nós, agora que meu filho está morto e nossa terra foi vendida?

Diante do *gourbi*, guiados pela guarda do campo de *burnous* azul, os policiais desmontaram de seus animais. Os dois entraram. Um deles trazia papéis na mão.

— Onde está Aïchouba Benalia ben Ahmed?

Benalia empalidecera.

— Sou eu... — ele murmurou.

O policial se aproximou dele e o algemou. Então, como Mohammed permanecia calado, os dois olhos escancarados, Mahdjoub se adiantou, tremendo.

— Si Ali — disse ao guarda do campo —, por que estão prendendo meu irmão?

— Ele passou a noite fora de casa?

— Sim...

— Pois então, ele foi a Timezratine e roubou uma arma de M. Gonzalès, o colono. Como o colono o surpreendeu, seu irmão atirou. M. Gonzalès está ferido e foi levado ao hospital. Ele reconheceu seu irmão.

E levaram Benalia, enquanto as mulheres se lamentavam como se sobre o corpo de um morto.

Mohammed não disse palavra alguma.

Mahdjoub, depois de um momento, apanhou o cantil e pegou a corda dos cavalos, que ele levou ao bebedouro.

De caráter rabugento e difícil, ganancioso, sem jamais uma palavra de carinho para os seus, Mahdjoub no fundo sentia amor pelo seu lar e por sua família, um amor ciumento daqueles de seu sangue, e a infelicidade de seu irmão o oprimia. Ele não sentia vergonha, o banditismo era considerado um ato de coragem, certamente ilícito, mas não vergonhoso. Ele apenas padecia do mesmo sofrimento de seu irmão, pois tinham ambos saído do mesmo ventre e mamado no mesmo peito.

Por que Benalia tinha pegado um caminho tão errado, se todos os Aïchouba eram lavradores pacíficos? E como ele chegou a tal audácia?

E para Mahdjoub a ruína da família agora parecia consumada.

Que ano! A morte do menino, a venda das terras, a loucura do primogênito, a prisão e certamente a condenação do caçula! A cólera de Deus se abatia sobre a raça deles, e a única coisa a fazer era aceitar: "Louvado seja Deus sempre!".

Mohammed parecia ter ficado mudo. Ele pegava o alimento que lhe davam sem dizer nada.

Lalia chorava sua infelicidade nos cantos escuros. Suas cunhadas a acusavam de ter trazido consigo a infelicidade e as calamidades. Mas ela aguardava pacientemente, sem querer ir embora. Em seu coração de menina havia nascido uma espécie de afeição a Mohammed, que tinha sido bom para ela e estava sofrendo.

Depois de muitos meses de silêncio, quando Mahdjoub trouxe a notícia da condenação de Benalia a cinco anos de reclusão, Mohammed não disse nada; mas, no dia seguinte, quando Lalia lhe trouxe sua tigela, ele não estava mais na cabana: Mohammed foi embora, assim que amanheceu, com sua bengala de oliveira, caminhando em linha reta em direção ao Oeste, mendigando seu pão no caminho de Deus.

Nesse dia, Lalia, agora viúva, reuniu suas roupas. No baú de madeira verde, com os *gandoura* e os *melhfa*, havia duas túnicas e um par de sandálias que tinham pertencido ao pequeno Mammar. Lalia olhou para eles e então, com lágrimas nos olhos, ela os colocou sob sua roupa, sussurrando: "Cordeirinho, desde a sua morte a infelicidade entrou nesta casa...". E ela foi embora para a casa de seus pais.

... Dia a dia a miséria aumentava, pois é difícil para um homem frágil subir de volta a ladeira da infelicidade, e um dia, desgostoso, Mahdjoub vendeu seus últimos animais e o jardim.

Então repudiou sua esposa que não lhe deu filhos e foi embora para a cidade, onde se estabeleceu como um cavalariço de um vendedor de vinho no atacado.

... Certo dia, sentado diante da porta de seu estábulo, Mahdjoub trabalhava com a faca o cabo de sua bengala. O inverno chegava ao fim e um ano havia se passado desde a dispersão dos Aïchouba. Mahdjoub tinha mudado muito. Ele sabia falar um pouco de francês agora. Vestia-se cuidadosamente como um homem da cidade, arriscando até o terno europeu com um simples *chechiya*, e bebia absinto como qualquer um nos cafés de Orléansville.

... Passava um mendigo, cabelos longos e cinza, sob um véu velho esfarrapado, o corpo coberto por trapos, uma bengala comprida na mão.

— Em nome de Deus e de seu Profeta, dê uma esmola!

Mahdjoub estremeceu, se levantou, abandonando seu trabalho.

— Si Mohammed! Si Mohammed! Sou seu irmão... Mahdjoub... Aonde está indo?

Mas o velho seguiu reto. Não havia fulgor de inteligência brilhando em seus olhos baços. Então Mahdjoub colocou em sua mão todas as moedas que tinha, beijou sua testa e retornou para o estábulo. Ali, encostado em um pilar, ele se pôs a chorar.

E o velho passou, indo embora para mais longe, na noite de sua inteligência apagada, pedindo em nome de Deus, o Clemente e Misericordioso, o pão que a terra vermelha e pedregosa de sua região lhe havia recusado.

Amara, o forçado

Um pouco por necessidade, um pouco por gosto, eu vinha estudando os costumes das populações marítimas dos portos do Midi e da Argélia.

Certo dia, embarquei a bordo do *Félix-Touache*, a caminho de Philippeville.

Passageiro modesto do convés, vestido de algodão azul e com um quepe na cabeça, eu não chamava a atenção de ninguém. Meus companheiros de viagem, nada desconfiados, não mudavam nem um pouco sua maneira de ser cotidiana.

É um erro grave, na verdade, acreditar que se pode estudar os costumes populares sem se misturar aos meios onde habitam, sem viver a vida deles...

Era numa tarde clara de maio que acontecia essa partida, para mim alegre, como todas as partidas para a adorada terra da África.

Encerrava-se o carregamento do *Touache* e, mais uma vez, eu assistia ao grande vaivém dos momentos de embarque.

No convés, alguns passageiros já esperavam a saída, aqueles que, como eu, não tinham de quem se despedir, não tinham pais para abraçar...

Alguns soldados, em grupo, iam indiferentes... Um jovem cabo dos zuavos, caía de bêbado, e, assim que embarcou, desmoronou sobre as tábuas úmidas e ali ficou, sem se mexer, como na vida...

Afastado, sentado no cordame, um homem bem jovem chamou minha atenção pela estranheza de sua pessoa como um todo.

Muito magro, de rosto bronzeado, imberbe, de traços angulosos, ele usava uma calça de algodão curta demais, alpargatas, uma espécie de colete de caça listrado, aberto em seu peito ossudo, e um chapéu de palha feio. Seus olhos fundos, de uma tonalidade amarelada cambiante, traziam um olhar estranho: podia-se ler nele uma mistura de medo e desconfiança feroz.

Porque me ouviu falando árabe com um vendedor de cavalos de Bône, o homem de chapéu de palha, depois de longas hesitações, veio se sentar perto de mim.

— De onde você vem? — ele me disse, com um sotaque que não deixava nenhuma dúvida com relação a sua origem.

Contei a ele alguma história, dizendo que estava retornando depois de um trabalho na França.

— Que Deus seja louvado se você trabalhou em liberdade e não na prisão — ele me disse.

— E você, está saindo da prisão?

— Sim. Cumpri oito anos em Chiavari, na Córsega.

— E o que você tinha feito?

— Matei uma pessoa no meu vilarejo, entre Sétif e Bou-Arréridj.

— Mas quantos anos você tem?

— Vinte e seis... Estou em liberdade condicional de três meses... Três meses é bastante.

Durante o resto da travessia, tivemos mais oportunidades de conversar, o forçado de Chiavari e eu.

... O mar revirado tinha se acalmado um pouco. A noite caía e, ao nos aproximarmos da costa africana, o ar tinha se tornado mais suave... Uma tepidez embriagante flutuava na penumbra do crepúsculo...

No horizonte meridional, uma faixa um pouco mais escura e uma profusão de vapores indistintos indicava a terra.

Assim que a noite de fato caiu, os fogos do golfo de Stora apareceram.

O forçado, apoiado contra a amurada, olhava fixamente para essas luzes ainda distantes e suas mãos se crispavam sobre a madeira escorregadia.

— Ali é mesmo Philippeville? — ele me perguntou várias vezes, a voz tremendo de emoção...

... No porto deserto perto do cais, onde alguns carregadores dormiam sobre o pavimento depois do desembarque, o *Félix-Touache*, imóvel, também parecia dormir na luz levemente rosada da Lua minguante.

Fazia calor. Um perfume indefinível vinha da terra, inebriante.

Ah, essas horas alegres, essas horas embriagantes dos retornos à África, depois dos exílios distantes e melancólicos!

Eu tinha decidido esperar o raiar do dia a bordo para continuar minha viagem para Constantina, onde eu devia, por uma questão de formalidade, assistir ao julgamento do homem que, seis meses antes, tinha tentado me matar lá, no distante Souf.

... E eu tinha estendido minhas cobertas no convés, a bombordo, do lado da água, que mal marulhava.

Tinha me deitado num profundo bem-estar, quase voluptuoso. Mas o sono não vinha.

O homem em liberdade condicional, que também passava a noite a bordo, veio se unir a mim. Ele se sentou por perto.

— Que Deus o guarde e proteja da prisão, a você e a todos os muçulmanos — ele me disse, depois de um longo silêncio.

— Me conte sua história.

— Que Deus seja louvado, pois eu achava que ia morrer lá... Há um cemitério onde colocam os nossos e muitos que chegaram antes de mim e morreram... Não há nem sequer um túmulo nas terras consagradas para muçulmanos.

— Mas, sendo tão jovem, como você pôde matar, e por quê?

— Olhe — ele disse. — Você cresceu nas cidades, você não sabe... Eu sou do *douar* dos Ouled-Ali, subordinado a Sétif. Somos todos pastores lá. Temos um bom rebanho e também temos cavalos. Além disso, temos campos de cevada e trigo que semeamos. Meu pai é velho e sou filho único. Entre nossos animais havia uma bela égua cinza, que ainda não tinha os dentes dos quatro anos. Meu pai sempre me dizia: "Amara, essa égua é sua". Eu a havia chamado de Mabrouka e frequentemente montava nela. Ela era rápida como o vento e brava como uma pantera. Quando era montada, ela pulava e relinchava, atraindo todos os garanhões da região. Um dia minha égua desapareceu. Passei uma semana procurando-a e enfim descobri que foi um pastor dos Ouled-Hassène, nossos vizinhos do norte, que a tinha pegado. Fui me queixar ao nosso xeque e lhe dei então um *mézouïd* de manteiga para que ele reconhecesse o meu direito.

"Ao saber que os homens do *makhzen* tinham ido procurar a égua, Ahmed, o ladrão, sem poder vendê-la por ela ser conhecida, a levou até um barranco e a degolou. Quando soube da morte da minha égua, eu chorei. Depois, jurei me vingar.

"Numa noite escura, saí furtivamente do nosso *douar* e fui até os Ouled-Hassène. O *gourbi* de Ahmed, meu inimigo, era um pouco afastado e contornado por uma pequena sebe com espinhos. Esperei a Lua subir e então fui em frente. Para acalmar os cães, eu tinha levado vísceras de uma ovelha que matara de dia. Na luz da Lua, notei Ahmed deitado na frente de seu *gourbi* para cuidar de suas ovelhas. A arma dele estava debaixo de sua cabeça. Seu sono era profundo. Ajustei minha *gandoura* com meu lenço para que não enroscasse em nada. Entrei no cercado. Minhas pernas estavam fracas e um calor terrível queimava meu corpo. Eu hesitava, imaginando o perigo... Mas estava escrito, e os cães, saciados, rosnaram. Então peguei a arma de Ahmed, a puxei bruscamente de debaixo de sua cabeça e descarreguei nele, à queima-roupa, no peito. Depois fugi. Os homens e os cães do *douar* me perseguiram, mas não me alcançaram. Então cometi um erro: ninguém havia me visto e eu deveria ter voltado para a casa do meu pai. Mas o temor à justiça dos cristãos me levou a fugir para o mato das encostas. Por três dias e três noites me escondi nos barrancos, me alimentando de figos-da-índia. Eu estava com medo. De noite, não me arriscava a dormir. O menor barulho, o sopro do vento nos arbustos me fazia tremer. No terceiro dia os policiais me prenderam. A história da minha égua e da minha partida tinham revelado tudo e, apesar de eu jamais ter confessado, fui condenado.

"Os juízes me pouparam a vida, porque eu era jovem. Fiquei nas prisões de Sétif, Constantina, aqui de Philippeville, durante três meses. Depois me embarcaram num navio e me levaram para a Córsega. Na penitenciária onde éramos todos muçulmanos, não se é tão infeliz, com a ajuda de Deus e se você se comporta bem. Mas ainda assim é a prisão, e longe da família, num país infiel. Graças a Deus me libertaram."

Três meses é bastante!

— E hoje você se arrepende de ter matado esse homem?

— Por quê? Era direito meu, já que ele tinha matado minha égua, e eu nunca tinha feito nenhum mal a ele! Só não deveria ter fugido.

— Então seu coração não se arrepende do que você fez, Amara?

— Se eu tivesse matado sem motivo, teria sido um grande pecado.

E vi que, honestamente, o beduíno não compreendia, apesar de todos os sofrimentos que já tinha enfrentado, que seu ato tinha sido um crime.

— E o que você vai fazer agora?

— Vou ficar na casa do meu pai e trabalhar. Vou levar nosso rebanho para pastar. Mas se alguma noite, no mato, eu encontrar um dos homens dos Ouled-Ali que me fizeram ir para a prisão, eu o mato.

A todos os meus argumentos, Amara respondia: "Eu não era inimigo deles. Eles que plantaram a inimizade em mim. Quem planta espinhos não colhe trigo".

De manhã, no trem para Constantina.

— Olhe — ele me disse de repente — olhe: o trigo... E aquilo, mais para lá, é um campo de cevada... Ah, irmão, olhe as mulheres muçulmanas recolhendo as pedras nesse campo!

Ele estava tomado por uma emoção intensa. Seus membros tremiam e, diante dos cereais tão adorados, tão venerados pelo beduíno, e das mulheres de sua raça, Amara se pôs a chorar como uma criança.

— Viva em paz como os seus ancestrais — disse a ele. — Você terá o coração em paz. Deixe as vinganças para Deus.

— Se uma pessoa não pode se vingar, ela sufoca, ela sofre. Preciso me vingar daqueles que me fizeram tanto mal!

... Na estação de Constantina, nos despedimos fraternalmente. Amara pegou o caminho para Sétif para retornar a seu *douar*.

Nunca mais o vi.

A era do Nada

Para J. Bonneval,* lembrança agradável

Numa noite de outono, por não ter o que fazer, fui a um dos principais teatros da grande cidade marítima francesa, onde eu estava de passagem... Fui não tanto para assistir à apresentação, cujo programa medíocre não me dizia nada, mas para ver se desenrolar um dos atos da grande e profunda tragicomédia moderna.

De início, passei um longo tempo observando o público, esse público sugestivo das grandes cidades da Europa.

Toaletes femininas bizarras, por vezes quase perturbadoras, manchas mais claras em meio ao preto lúgubre e às tonalidades neutras das roupas masculinas...

Rostos prudentes demais ou marcados por uma bestialidade pesada, feições angulosas, faces atormentadas de onde a verdadeira beleza havia se retirado... testas apreensivas e sulcadas de rugas prematuras, silhuetas cuja terrível deterioração hereditária nenhum dos artifícios sabia mascarar... olhos febris ou inexpressivos, ferozmente ardentes ou sombriamente indiferentes, olhares de lassidão, aversão ou dor escondida, contidos em respeito às conveniências...

---

* Editor de *La Nouvelle Revue*, revista bimensal que durou de 1879 a 1940.

Entre as mulheres, cabeças pueris ou sensuais, sem profundidade de expressão; mundanas, servas da *visibilidade* em detrimento do *real*, servas de seus corpos em detrimento de seu espírito ocupado unicamente com futilidades ínfimas... Cortesãs de máscara tão artificial quanto àquela dos mundanos, igualmente ilusória, sem graça estética e de uma atração puramente material em sua vulgaridade absoluta... burguesas puídas por uma vida mesquinha e restrita, sem pensamentos de grande envergadura, encolhidos e estranhamente semelhantes entre si.

... Não obstante, o mal do século é mais nitidamente acusado pelos homens que, menos escravizados pela convenção, se entregam mais... Que cabeças sagazes devastadas por ambições frustradas, por cobiças não satisfeitas, as dos bem-sucedidos tentando se manter à tona em meio à oscilação implacável da Humanidade embriagada pelo desejo feroz de fugir!... Que rostos profundamente cansados e torturados, os dos verdadeiros intelectuais, o espírito levado para longe pelo turbilhão negro de seu pensar rabugento.

Mais ao alto, ali onde a plebe infeliz é levada para uma noite de esquecimento, o mesmo espetáculo, talvez mais aterrador, pois menos dissimulado... Desejos que nunca se realizarão, prostituição, crime, desespero, banalidade, submissão repugnante de animais vencidos, diante do sofrimento iníquo, ou revolta feroz de todos os apetites por tanto tempo contidos...

Depois desse exame da triste multidão reunida diante dos meus olhos, levei meu olhar para as tábuas poeirentas da cena. Uma cantora, na qual nenhuma graça natural subsistia, escandia com um gesto vulgar, cantava uma ária alegre que, para mim, parecia macabra. Vestida com uma falsa pompa estrondosa, um sorriso encomendado nos lábios que, sem o vermelho artificial, seriam lívidos, um sorriso que destoava dolorosamente do tédio e do sofrimento do olhar.

... E me parecia, então, ver a claridade berrante da ribalta empalidecer, se tornar um vago crepúsculo fúnebre, aquele que inevitavelmente virá depois do grande dia radiante em que a sociedade moderna triunfa, sem fé nem esperança, ávida por desfrutar, não em nome do frisson divino de voluptuosidade, mas para esquecer a dor inexprimível de viver, aguardando, ao mesmo tempo apavorada e impaciente, a hora de morrer...

... Por um breve instante, meu pensamento foi levado para a noite milenar do Passado. A Humanidade, em sua distante aurora, ainda mal balbuciando, adorava a Natureza e a Vida. Depois ela tentou compreender o desejo onipotente que faz os astros se moverem, que cria e que mata... Desde que as sociedades primitivas foram pervertidas pelo luxo e pelo desfrute nas mais diferentes formas, elas tiveram cultos bárbaros, os moloch e os baalim... Entretanto, até mesmo eles admiram o *dualismo* nas forças da natureza: a luta do príncipe da Luz contra o das Trevas.

E nunca, nem mesmo no seio da fadiga infinita da Roma que chegava ao fim, nem mesmo na depravação monstruosa de Bizâncio, nem na noite sangrenta da Idade Média sombria, fanática e demoníaca, Sociedade alguma chegou a conhecer o culto assustador que as civilizações modernas, ajoelhadas, lamentáveis, professam diante do espectro ameaçador do Nada.

A Europa e suas filhas espirituais, espalhadas pelos quatro cantos do mundo, acabaram rejeitando todas as crenças amenas e consoladoras, todas as esperanças e todos os confortos... Do ponto de vista da ciência, elas tinham esse direito... Entretanto, os homens tiram do ateísmo essa conclusão terrível: nada de Deus, nada de castigo sobrenatural nem aqui embaixo nem lá, portanto nada de *responsabilidade*... Desde então tudo se tornou permitido, e a ética morreu... Consequentemente, é dupla a incredulidade dos modernos: religiosa e moral.

Eles convenceram a si mesmos de que o papel de uma pessoa é apenas o papel absurdo e hediondo de sofrer e morrer... Tomados pela vertigem perniciosa provocada pela aproximação de um abismo sem fundo, onde se pode ter certeza de que se cairá inexoravelmente um dia, muitos deles preferem, para abreviar uma agonia penosa, se precipitar para a Morte.

A sociedade sem fé, sem ideal e, por conseguinte, sem alegria, se tornou um monstro paradoxal.

Ela condenou a si mesma, em sua essência.

Ela se tornou o mendigo que inspira pena e não tem mais para onde ir, não tem mais a quem implorar, não tem mais o que esperar.

Atrás dela, o Nada, e é uma emanação desse Nada que ela acredita ser. Ao seu redor, o tédio gelado que é a sombra do Nada projetada sobre as coisas da vida. Diante dela, o pavor que é a vertigem dele... então, o fracasso final e a Morte. Eis o balanço dos esforços que os homens fizeram para instaurar o ateísmo e o ceticismo ético, o pior de todos: torrentes de sangue e lágrimas derramadas pela humanidade se precipitando à conquista da felicidade... e tudo isso em vão, uma vez que amanhã ela não acreditará mais nesse ideal, o primeiro que ela concebeu e também o que estava destinado a sobreviver a todos os outros.

A Civilização, essa grande fraude do atual momento, tinha prometido aos homens multiplicar as fruições ao complicar sua existência, tornar mais delicadas e mais intensas todas as formas da voluptuosidade, mais agudas e mais inebriantes, divinizar os sentidos, bajulá-los e servi-los docilmente... Ela havia prometido aos homens torná-los livres, tudo isso ao preço da renúncia a tudo aquilo que lhe fosse caro e que, com desdém, ela tratava como mentiras e delírios vãos...

E, na verdade, no lugar de tudo isso, a Dor triunfa, se ramifica, invade os corações e os espíritos... Os primeiros, ela torna fracos e débeis, os segundos, incuravelmente estéreis.

As necessidades aumentam de hora em hora e, quase sempre não satisfeitas, povoam a terra de revoltados e descontentes. O supérfluo se tornou o necessário; o luxo, o indispensável em direção a que, furiosamente, caminham as multidões sedentas por fruições, enganadas pelas promessas mentirosas que lhes fizeram.

... É claro que estão certas essas multidões infelizes a quem não param de gritar, do alto de todas as cátedras e de todas as tribunas: "Homem, você tem apenas uns poucos momentos breves para viver! Aproveite o momento, ele vai embora e não volta mais, e a sensação que, mal nasceu, já se apaga, pois apenas o hoje é garantido. Ontem já não existe mais e você não tem poder para mudar uma vírgula sequer, amanhã talvez nunca chegue... Aproveite, pois de repente você morre e tudo vai ter acabado, pois o além é apenas um mito inventado pela ignorância dos nossos ancestrais".

Mas as multidões tiram conclusões nefastas dessas teorias: pois, se em nenhum lugar há justiça ou misericórdia, tudo passa a ser permitido, as piores violências são não apenas desculpáveis mas até legítimas, quando o objetivo delas é obter a fruição imediata... E, sem outra preocupação, elas se lançam em direção à miragem ilusória, através de seu próprio sofrimento e das ruínas que deixam em sua passagem... os únicos e verdadeiros resultados de seus esforços.

É esse o castigo inevitável que a Natureza impõe àqueles que querem modificá-la e violar suas leis custe o que custar, àqueles que se revoltam contra seu poder, atribuindo a ela uma cegueira e uma crueldade sem nome.

A maioria dos modernos é surda ao canto inefável da Natureza e cega a seus espetáculos maravilhosos. O coração doente e endurecido deles não vibra mais aos chamados misteriosos e inquietantes do augusto Desconhecido que os cerca de todos os lados.

A Sociedade iníqua agoniza em uma tristeza sem limites, sem piedade pelos fracos, sem Deus e sem ideal, ela está condenada a devorar a si mesma em uma dor estéril e horrível.

... E, com um frisson de pavor, eu sonhava com o inferno que trovejava nas almas fracas e perversas das crianças concebidas por tais pais e que, junto com o leite pobre das mães neuróticas e das amas proletárias, terão mamado o tédio incurável e a fadiga de viver antes de ter vivido.

Sim, sonhei com esses catecúmenos da Morte que, silenciosos e melancólicos, vão atravessar a vida e exigir demais dela, esperando não conseguir nada... com essas multidões negras de amanhã, nascidas das multidões cinza de hoje, com esses seres miseráveis que não saberão mais nem crer, nem esperar, nem amar, nem ser devotados, nem ter piedade, nem se arrepender... E chegarão a essa coisa monstruosa: vivendo, ser a própria negação da vida.

... No entanto, existem entre os modernos aqueles que creem e que servem a um Ideal, Deus, à Ciência ou à Humanidade... Mas, infelizmente, em vez de reconhecer que, atrás das diferenças e dos antagonismos que parecem torná-los inimigos implacáveis uns dos outros, eles são solidários, uma vez que são soldados da Ideia contra a paixão, do Ideal contra a desesperança, eles usam sua energia e sua coragem em lutas inúteis e funestas, enquanto a decadência das massas se completa em torno deles... E não serão as previsões isoladas de alguns corajosos que poderão parar esse ímpeto assustador dos homens contra a negação universal...

"Surdos, mudos e cegos, e não retornarão pelos seus passos" (Corão, Surata 2).

No entanto, resta uma esperança bastante vaga, infelizmente: talvez depois da noite profunda de amanhã uma nova aurora radiante se levante das ruínas fumacentas do velho mundo decaído, e talvez um outro mundo surja do pó do passado, purificado pelo sangue e pelo sofrimento — secular, de alguma invasão dos bárbaros, em aparência, praga destruidora, mas na verdade simples instrumentos inconscientes do Desconhecido onipotente...

Que todo ser pensante pare, se interrogue e sinta seu orgulho, sempre mais desmesurado, se humilhar em sua infinita fraqueza diante do eterno Desejo que da vida cria a morte e faz da morte surgir a vida, que faz a rosa saída do húmus dos túmulos florir, que cria e que mata para criar de novo e para matar mais uma vez no infinito do Espaço e do Tempo... E que não esqueça, o triste desesperado de nossos dias, que a vida sempre brota novamente de todas as ruínas, e que tudo o que morre renasce.

Não ficção*

* Os trechos desta seção foram retirados de *Sud oranais*.

Isabelle Eberhardt em trajes árabes
masculinos, c. 1904

Caçadores de esquecimento

Descobri um salão de fumo de kief nesse *ksar* onde não há nem sequer um café mouro, onde as pessoas não têm outro lugar para se reunir além da praça pública e dos bancos de barro ao pé das muralhas, na estrada de Béchar.

Ele fica numa espécie de casa parcialmente em ruínas, atrás do *Mellah*, uma sala comprida iluminada por um único ponto de luz no meio do teto de vigas esfumaçadas e retorcidas. As paredes são pretas, sulcadas de fendas mais claras, semelhantes a feridas. Na terra batida, um pouco poeirenta, raramente varrida, arrastam-se cascas de romã e resíduos de toda sorte.

Esse lugar estranho serve de asilo aos vagabundos marroquinos, aos nômades, a toda sorte de pessoas de má reputação e aparência estranha. A casa não parece pertencer a ninguém; espécie de bordel, onde a noite não é boa conselheira; ela parece ter sido feita para o teatro pitoresco, com um aspecto de antessala do crime.

Num canto, há uma esteira limpa com algumas almofadas da cidade de Fez em couro bordado. Na esteira, um grande baú árabe decorado com cenas pintadas, que serve de mesa. Há ainda uma roseira de pequenas flores de um rosa pálido, diante de um ramalhete de plantas dos jardins mergulhado numa jarra grande do Tell decorada com desenhos geométricos e arabescos; mais ao longe, uma chaleira de bronze num tripé, dois ou três bules, uma cesta forrada de cânhamo indiano seco. Eis todo o cenário, toda a ambientação do pequeno cenáculo dos fumantes de kief, pessoas que apreciam o bem-estar.

Já ia me esquecendo, num poleiro feito de caule de palmeira, um urubu preso, amarrado pelo pé.

Os *berrania* (estrangeiros), os errantes, que assombram esse refúgio, às vezes se reúnem aos fumantes de kief, ainda que estes últimos configurem um pequeno grupo bastante fechado em que é muito difícil entrar, pois esses homens que se reúnem em Kenadsa, também viajantes, carregando pelos países do Islã seu delírio, os devotos da fumaça alucinante, pertencem à classe mais destacada dos intelectuais.

Haj* Idris, um filali** alto e magro, bronzeado, de rosto suave e como que iluminado por uma luz interior, é um desses errantes sem família, sem trabalho fixo, tão numerosos no mundo muçulmano. Há 25 anos ele vaga de cidade em cidade, trabalhando ou mendigando, a depender das circunstâncias.

Ele toca *goumbri*, pequeno violão árabe de duas cordas esticadas sobre uma carapaça de tartaruga com um braço de madeira esculpida.

Haj Idris tem uma bela voz, grave e límpida, para cantar os velhos relatos andaluzes com ares melancólicos e tão amorosos.

Si Mohammed Behaouri, marroquino de Mékinez, de pele pálida, olhos carinhosos, ainda jovem, é um poeta que vaga

---

* Título de quem realizou a peregrinação a Meca, chamada *haj*, em árabe.

** Etnia do leste do Marrocos, que dá nome à dinastia dos sultões que governam o Marrocos desde 1660.

pelo Marrocos e pelo sul da Argélia em busca de lendas e literatura árabes; para viver, ele compõe e recita versos sobre as dores e delícias do amor.

Esse outro vem de Djebel-Zerhaoun. Médico e feiticeiro, pequeno, seco, musculoso, a pele queimada pelo Sol do Sudão, por onde ele viajou durante longos anos, ele vagabundeia, com as caravanas, desde a costa senegalesa até Timbuctu. Passa os dias criando remédios e folheando velhos livros de feitiços marroquinos.

O acaso reuniu essas pessoas em Kenadsa. Amanhã eles vão embora, se dispersarão em estradas opostas, cada um caminhando com uma despreocupação perfeita em direção à realização de seu destino.

Essa coincidência de gosto os reuniu nesse esconderijo pardacento, onde eles dispendem as horas lentas de suas vidas isentas de preocupações.

De noite, um raio oblíquo e rosa cai do ponto de luz na penumbra da sala. Os fumantes de kief ajeitam seus turbantes enfeitados com um galho cheiroso de manjericão. Eles se acomodam ao longo da parede, agachados em suas esteiras, e fumam seus pequenos cachimbos de terra vermelha cheios de cânhamo indiano e de tabaco mouro em pó.

Haj Idris enche os cachimbos e os distribui, depois de ter limpado com cuidado a piteira em sua bochecha, por educação. Quando seu cachimbo está vazio, ele recolhe delicadamente a bolinha em brasa que ficou no fundo e a deposita em sua boca — ele não sente a queimadura —, e depois, o cachimbo cheio, é essa cinza ardente que o filali usa para reacender o fornilho que, durante horas, não mais se apagará. Muito inteligente, de espírito fino e penetrante, atenuado por uma eterna semiembriaguez sonhadora... [...] narcótico lento e suave ao qual [...] na Europa supostas virtudes afrodisíacas.

... Os caçadores de esquecimento cantam batendo as mãos preguiçosamente; suas vozes oníricas se alastram na noite, no fulgor incerto de uma lanterna xadrez de mica; depois, pouco a pouco, as vozes baixam, se tornam mais lentas, mais oprimidas; enfim os fumantes de kief se calam, os olhares fixos em suas flores, em êxtase.

São epicuristas, voluptuosos, talvez sábios, que sabem, no refúgio escuro dos vagabundos marroquinos, reconhecer horizontes sedutores, construir cidades maravilhosas onde a felicidade mora.

Esquina do amor

O *mokhazni* Abdelkader e eu pedimos permissão ao [...] para passar o dia em Zenaga...

Depois de almoçarmos na casa de um notável, fomos fazer a (festa) nas hetairas...

Percorremos as ruas a céu aberto, ruas desertas onde corre (a areia) da planície. Por fim paramos no pé de uma parede que está desmoronando, diante de uma porta baixa e instável.

Rapidamente Abdelkader retirou seu *burnous* azul: se vissem esse símbolo do *makhzen* francês, jamais abririam a porta para nós, pois a *djemâa* proíbe, com a pena do espancamento, que as prostitutas recebam soldados de Beni-Ounif. O motivo declarado dessa medida é o pavor de rixas com o *makhzen* marroquino, mas, no fundo, trata-se mais uma vez do ódio profundo dos marroquinos pelos *m'zanat*.

Nós batemos na porta.

Depois de alguns instantes notamos dois olhos remelentos de velha, que nos observam por uma fenda. Abdelkader está inquieto: quanto a ele, não é uma curiosidade de artista que o leva até lá...

Outros olhos, esses muito grandes e muito pretos, aparecem na penumbra.

— Quem são vocês?

— Somos trafi... abram, filhas do pecado, ou nós arrombamos a porta!

— O que vocês querem? — É uma voz jovem e cantante que, (pela fenda, entabula) as conversações.

Abdelkader faz a porta sacudir, esmurrando-a.

— Que [...]! Estamos em pleno dia! Abram!

[...] vendo que estamos decididos a não (ir embora), [...] concorda em abrir.

(A porta fechada,) Abdelkader ostenta seu *burnous* azul (diante das) mulheres apavoradas.

— Amanhã vocês serão espancadas; hoje, agradeçam a Deus que nós não arrebentamos a porta.

São três mulheres jovens e uma bruaca de corpo flácido que reclama e nos amaldiçoa.

O pátio é grande, metade dele está coberto de entulho, com paredes baixas que se desfazem e onde se enfiam dois cômodos compridos e escuros como antros de portas baixas.

No meio do pátio, uma pequena barraca de nômades está montada. Ali se amontoavam velhos tapetes, lindos tecidos escarlates, verdes, amarelos, utensílios de cerâmica, uma bandeja magnífica de cobre cinzelado, um tamborim.

Quatro homens estão sentados ao longo da parede. Um deles cose uma camisa, segurando o tecido com o dedão de seu pé direito. Os outros, olhos semiabertos, como gatos felizes, estão sonhando. Em Figuig não há cafés mouros, e as casas de tolerância servem de lugar para os nômades se reunirem, com exceção dos chefes e dos velhos.

Esses que encontramos na casa de nossas anfitriãs são *sokhar*, Ouled Bou-Ouanane, Douï Menia reunidos, que nos recebem [...].

Nós nos acomodamos nos tapetes puídos. (Desempenho abertamente) meu papel de membro de uma grande família nômade, me entrego às mulheres que me cobrem de atenção, um pouco tímidas.

[...] *mlahfa* amarelo-limão, Reguia, a mais velha, veste (seu corpo) esguio, mas ágil. Ela é pequena [...] de lábios carnudos, de grandes olhos castanhos que [...]

[...] redonda, de formas mais amplas, mais bem desenhadas, uma beleza estranha, egípcia, com seu rosto oval, de [...], de lábios curvados, iluminado por olhos compridos escuros [...].

[...] sérias, movimentos felinos e, quando caminha, seu quadril fica cheio de ondulações de uma graça perfeita, sob as longas pregas de seus véus púrpura.

Deitada, muito carregada de joias pesadas, ela se assemelha a um ídolo distante.

Ela se chama Marhnia e nasceu na planície de Angad, próximo a Oudjda. Soldados marroquinos a levaram até Figuig e a deixaram ali.

... A terceira, Khedidja, quase uma menina, é mulata, com dentes de esmaltes admiráveis debaixo de seus lábios grandes e vermelhos.

É Marhnia quem prepara o chá e faz as honras da casa. Vejo com alívio que, apesar do monte de panos e da desordem do pátio, essas heteras de Zenaga são menos sujas e menos repugnantes que suas irmãs mais pobres que se alojam nas tendas de Oudarhir... São também mais agradáveis, menos suplicantes.

Como todas as prostitutas árabes, quando não foram contaminadas pelo contato com os soldados, essas três mulheres se comportam bem, sem gestos nem linguagem obscenos.

Elas são alegres, no entanto, e nos dispensam ora (carinhos) muito reservados, ora gracejos infantis e indiretas [...], mas muito veladas.

(Os cameleiros), atraídos pelo chá, vêm se juntar a nós [...] Abdelkader, depois de longas hesitações, (se retirou com Reguia) não antes de me pedir licença, muito [...]

(Deito) no tapete e observo as brincadeiras infantis (dos nômades) com Marhnia e Khedidja.

Eles se empurram, se beliscam, lutam com grandes explosões de risadas e gritos estridentes.

(Com seus) cintos apinhados de cartuchos, seus *burnous* terrosos, véus esfarrapados que enquadram bonitas cabeças enérgicas, os Ouled Bou-Ouanane se assemelham a bandidos.

(Suas armas) estão aqui, ao alcance das mãos, no tapete. Eles com certeza já realizaram mais de uma ousadia na vida...

E eis que, agora, eles brincam como crianças despreocupadas, sorridentes, e cantam.

Eles têm um aspecto completamente confiável e ingênuo, e se poderia cruzar o Marrocos com eles sem desconfiança... É exatamente esse o caráter dos nômades, a grande despreocupação, a extrema mobilidade de espírito, a instabilidade das paixões ora pueris e superficiais, ora profundas, mas nunca duradouras.

Ao menor incidente que ocorresse aqui, neste refúgio de prazeres, à menor briga, esses homens que parecem tão inofensivos se levantariam num salto e empunhariam suas armas. Eles de repente voltariam a ser ameaçadores, prontos para matar.

... Marhnia, com seu sotaquezinho cantante de marroquina, me fala de Oudjda, que ela gostaria de visitar de novo e onde, no entanto, ela sofreu muito, com os soldados do *makhzen* e os rapazes debochados das escolas.

Ela me conta da sua vida lá, em uma espelunca da casbá, no meio de brigas e rixas com frequência sangrentas, passando, [...] de um a outro, despedaçada, atirada como um pobre objeto [...] como foi possível pelas tormentas.

(Agora,) na calma e na segurança relativa de Figuig, (ela) se entedia e suspira com essa vida terrível (marroquina, onde as histórias) de amor terminam em sangue.

[...] os Douï Ménia começam a contar os [...], os socos, as razias, as brigas, [...] os assassinatos e os amores, no deserto [...] *ksour* do *oued* Ghir.

(Todas) essas histórias são vestígios do (desprezo) completo pela vida humana, inclusive a deles mesmos, da despreocupação absoluta dos nômades acostumados a viver [...], sem sonhar com o dia seguinte.

Ou então, agora (eles riem) de antigas travessuras por vezes arriscadas, das brincadeiras de antigamente, repetidas mil vezes, espalhadas pelos acampamentos por todo o Sudoeste.

As mulheres riem, cobrindo com pudor metade de seu rosto com a ponta de seus véus...

As horas passam, lentas, pacíficas, nessa esquina do amor árabe, no fundo da Zenaga silenciosa.

O Sol se põe no horizonte e uma grande sombra azul invade o pátio.

Está na hora do *asr*, a oração da tarde. Os cameleiros se levantam e se recolhem ao fundo do pátio. Também Marhnia nos deixa e desaparece atrás de uma parede, com um vaso de barro cheio d'água.

Quando ela volta, seu rosto, seus braços e seus pés nus estão úmidos, e gotas claras correm ainda pelo bronze dourado de sua pele.

Muito séria e muito distante de quem era há pouco, a amiga despreocupada dos cameleiros e dos soldados marroquinos se vira em direção a *guebla* e reza, em voz baixa, se curva [...] na poeira com um tinido sonoro de (suas pulseiras).

A revoltada

Hoje, depois da oração de sexta-feira, encontro o *ksar* comovido: uma moça muçulmana e branca se enforcou.

Eu me misturo à multidão que para diante da casa dela, de onde se alastram os lamentos fúnebres das mulheres.

Me informo, reconstituo o drama, tento compreender os motivos... Ela não se dava bem com seus pais, me dizem, ela não tinha ninguém a quem se queixar; seu marido, Hammou Hassine, não a ouvia. Ele queria submetê-la, batendo nela. A pequena beduína, feroz, depois das revoltas, se resignou, ao menos era o que parecia. Mas o sentimento da liberdade, de uma estranha liberdade, tinha penetrado nela.

Ela fugiu numerosas vezes para a casa de seu irmão, que a devolvia ao marido. Impediam-na de pedir proteção ao cádi ou a Sidi Brahim. Ela era escrava, mais escrava que as negras, pois sofria com a servidão. Por fim ela se acalmou, pois entendera o grande segredo da libertação moral. Numa noite em que todos estavam na mesquita, ela reuniu forças para fugir, se suspendeu em seus pequenos pés, se pendurou acima da vida e de sua condição com seu longo cinto de seda, sem se confidenciar a ninguém, solitariamente.

Uma raça que ainda considera a possibilidade de se suicidar é uma raça forte. Os animais nunca se suicidam, nem os negros, a menos que estejam exaltados pelo álcool. O suicídio também é uma embriaguez, mas uma embriaguez da vontade.

O povo rejeitou com horror aquela que esqueceu seu dever de viver. No entanto, os intelectuais se compadeceram de Embarka e vieram orar sobre seu corpo, que as matronas lavaram e costuraram na mortalha igualitária do Islã de algodão branco.

Deitou-se o corpo em uma esteira, no meio do pátio. Não passa de uma vaga figura rígida, imaculada.

Os lamentos das mulheres cessaram. Não se ouve nada além do murmúrio sério de seis ou sete homens que salmodiam, numa cadência lenta, a surata do Corão intitulado "Ya-Sin", que é a oração dos mortos.

Tudo ficou tranquilo, solene, sereno neste pátio, de onde saíram as mulheres barulhentas.

... As vozes se elevam em um cântico triste e suave: agora é a *borda*, a elegia dos enterros.

Deita-se o corpo no *naach*, a maca de madeira bruta, e cobrem-no com um grande véu vermelho. Faz-se o silêncio, então quatro homens apoiam o pequeno corpo amado em seus ombros e o cortejo triste parte na direção dos cemitérios.

Coloca-se a maca na areia e as pessoas se posicionam em semicírculo, o rosto virado para Meca: trata-se da última oração para Embarka.

No túmulo, que o vento já começa a apagar, plantam-se três palmeiras, que ali vão perecer.

Hammou Hassine, um homem de cerca de quarenta anos, feio e dissimulado, posta na terra, sobre um lenço de algodão vermelho, figos secos e pães ázimos: é a *sadaka*, esmola ritual que se dá aos pobres em recordação do morto e que substitui os inúteis buquês e coroas postiças.

Acabou. Vamos embora em debandada. Os velhos intelectuais rigoristas não acompanharam a escolta da suicida. Os jovens estudantes oraram sozinhos por ela.

Um deles me disse: "Ela era infeliz!". Ele provavelmente não sabia o que é a infelicidade. Quando os homens entendem o sofrimento, eles se tornam duros. Eles não se compadecem, eles condenam... E, no entanto, me parece que o coração deveria se abrir cada vez mais.

Há sábios que quiseram aprender até seu último dia... Por que aquilo que é verdadeiro na inteligência seria menos verdadeiro na educação dos sentimentos? Desde que moro nesta zauia, na sombra do Islã, desde que tenho a febre e que estou sozinha, voluntariamente sozinha, não pude mais suportar o meu passado turbulento, meus sentidos têm mais delicadeza. Depois desse retiro, se eu voltar para a vida que passa, saberei entender o amor...

Escravos

Estar a todo momento cercada de rostos negros, vê-los todos os dias de novo, ouvir apenas a voz débil dos escravos com sotaque arrastado, esta é a minha primeira impressão do dia a dia em Kenadsa, uma impressão estranha e forte.

Com exceção de algumas poucas famílias berberes, todos os habitantes do *ksar* são *kharatine* negros. Na zauia, o elemento sudanês acrescenta ainda uma nota de desenraizamento mais distante.

Filhos de cativos do Souah e do Mossi, os pais desses escravos chegaram a Kenadsa depois de longos sofrimentos e de peregrinações muito complicadas.

Primeiro, presos por homens de sua raça ao longo de lutas eternas dos vilarejos e pequenos reinos negros, eles foram vendidos para traficantes mouros, depois colocados nas mãos dos Tuaregues ou dos Chaamba que, por sua vez, os passaram para os berberes.

Seus filhos não conservaram a língua de sua terra de origem, e apenas alguns velhos ainda a entendem. Em Kenadsa, todo mundo fala árabe. Até o idioma berbere, o *chelha*, tão difundido na fronteira do Marrocos, é desconhecido aqui.

Os sudaneses da zauia, desde que seu sangue permaneça puro, são robustos e frequentemente bonitos, de uma beleza árabe, que contrasta singularmente com o preto de ébano de sua pele. Ao contrário, aqueles que se originaram da mestiçagem com os *kharatine* costumam ser franzinos e feios, com rostos angulosos, membros fracos e desproporcionais.

A impressão inquietante e repulsiva que os negros provocam em mim provém quase unicamente da movimentação singular de seus rostos de olhos esquivos, com traços agitados por tiques e caretas sem parar. O que experimento, de maneira pueril e imediata, diante de meus irmãos negros, é uma impressão inevitável de não humanidade, de não parentesco animal.

Dentre os escravos, tenho simpatia apenas pelo chaveiro, o homem de confiança de Sidi Brahim, Ba-Mahmadou ou Salem.

É um sudanês alto e tranquilo, de rosto entalhado por marcas de ferro em brasa. Ele usa roupas de um branco imaculado debaixo de um longo *burnous* preto. Na expressão de sua figura e em seus gestos, assim como em seus traços regulares, não há nada do homem-macaco, careteiro e ardiloso, desse ardil animal que é a inteligência nos negros.

Ba-Mahmadou é diferente dos outros negros. Ele encontrou, no fundo de si mesmo ou em sua cultura de escravo, o segredo dos gestos sérios e de atitudes respeitosas. Esse sentimento não é aquele da servidão deprimente. Ele emprega nobreza em seus cumprimentos. — Os negros, normalmente, não sabem cumprimentar.

Todas as vezes em que Ba-Mahmadou está na presença de muçulmanos brancos, ele começa por se inclinar três vezes diante deles e só se aproxima descalço, deixando seus sapatos na porta. Entretanto, a sensação de respeito que ele transmite não o diminui.

Seria curioso escrever um estudo sobre os escravos que vivem aqui. Para isso, seria preciso não ter preconceitos nem de direita nem de esquerda, fazer tanto história natural quanto social. Sinto que seria necessário estar curado do preconceito das raças superiores e das superstições das raças inferiores.

Quase todos esses escravos possuem casas no *ksar*, jardins nos palmeirais, até mesmo pequenos rebanhos. Eles vendem lã, carne, tâmaras por conta própria, mas seguem obrigados a trabalhar para seus senhores.

Para se casar, eles devem pedir autorização ao chefe da zauia, mas são mestres em suas próprias casas, "*caïd* em sua casa".

Eles levam assim uma vida dupla de homens quase livres do lado de fora e escravos na zauia, onde suas funções são, além disso, distribuídas de modo bastante vago.

Mundinho das mulheres

As mulheres compreendem aqui um mundinho à parte, com sua própria hierarquia.

Antes de tudo, há a Lèlla (senhora).

A mãe de Sidi Brahim está encarregada de toda a administração interna: despesas, receitas, esmolas. Ela nunca é vista, mas sente-se seu poder em todos os lugares; temida e venerada por todos, essa velha rainha-mãe muçulmana vive quase enclausurada, saindo apenas raramente e toda velada, para visitar os túmulos de Sidi Ben Bou-Ziane e Sidi Mohammed, que foi seu marido.

Em torno dela gravita um mundinho de mulheres pálidas, que são as esposas dos *marabouts*. Mais abaixo está a população de negras, virgens, casadas, viúvas ou divorciadas.

Entre essas mulheres de cor, reina um grande relaxamento dos costumes. Por alguns sous, mesmo um pedaço de pano, e até por prazer, elas se entregam a qualquer um, árabe ou negro. Elas dão em cima dos hóspedes abertamente e se oferecem com uma falta de pudor inconsciente, frequentemente engraçada.

Os escravos homens contêm ainda um pouco os movimentos de seu sangue, mas toda a feminilidade negra se entrega ao instinto, e as disputas são tão fúteis quanto seus amores. Às vezes irrompem brigas exageradas nos pátios, que antecedem socos e explosões nuas sob o Sol.

Certa manhã, duas negras se provocam diante da minha porta.

— Puta dos judeus do *Mellah*!
— Renegada! Ladra! Semente da catástrofe! Raiz amarga!
— Que Deus lhe mate, judia, filha de chacal!

De repente a voz sibilante de Kaddour, o intendente, vem pôr fim ao escândalo.

Elas se separam, como cadelas rancorosas, com dentes que brilham no xingamento e mordem as palavras como se fossem carne.

Mériéma

Um céu baixo, opaco, incandescente, um Sol baço sem raios que, no entanto, queima. Sobre a poeira que cobre tudo, sobre as fachadas brancas ou cinza das casas, uma reverberação melancólica, cegante, que parece emanar de um braseiro interno. Nos cumes angulosos das colinas áridas, chamas escuras seguem acesas, e fumaças vermelhas se ajuntam atrás dos montes de Figuig.

Nada brilha, nada vive, em toda essa ardência. Às vezes apenas um sopro de secura sobrevém, não se sabe de qual fornalha distante, para levantar pequenos redemoinhos de poeira que, rápidos, fogem em direção ao Leste e se dissipam no vale.

Na estação, entre os vagões pretos e as cercas estripadas, pessoas esperam o trem, europeus subjugados, árabes de gestos exaustos.

Cavalos e burros, resignados, esticam o pescoço em direção à terra, a cabeça pendendo, as narinas em sangue.

E sobre tudo isso um silêncio indizível, que se sente, que pesa. Esse silêncio não é nem o do descanso, nem o da volúpia: é o da languidez mórbida que causa angústia.

Essa foi uma das minhas primeiras impressões de Beni-Ounif.

... Sem guia, sem visão estrangeira alguma se interpondo entre meus sentidos e as coisas, sem explicação inútil, enquanto eu deambulava, completamente sozinha, nesse lugar novo do país para mim.

Na saída do vilarejo, em direção à estação, uma parede de um cinza ardente de metal sendo fundido. Mais longe, para além dos trilhos azuis que terminam numa vala vermelha, nada, a planície semeada de pedras pretas, mais poeira, uma nudez candente, infinita. Tudo ao pé do muro, um filete magro de sombra amarelada, transparente, sem frescor.

Aqui vi Mériéma, agachada diante de um monte de ferragens velhas e entulhos de todo tipo.

Um corpo nu, rejeitado, decaído, de seios vazios, caídos, uma carne preta, flácida, encardida de lixo e de terra. Uma cabeça de menino, crespa e raspada, um rosto magro, enrugado, uma boca larga e grossa abrindo-se em fortes dentes amarelos, e olhos esbugalhados, pobres olhos de animal doente: uma máscara tristemente simiesca de sofrimento, pavor e desorientação.

Ela balançava a cabeça de um modo estranho, correndo seus dedos compridos e ossudos por seu monte de panos e lixo.

E ela falava sem parar, sem se dirigir a ninguém, num idioma incompreensível de consoantes bárbaras, que depois eu soube ser o *kouri*, língua negra indistinta do Saara ou do Sudão.

Falei árabe com ela. Seu murmúrio continuou, alastrando-se em uma espécie de lamento irritado.

Lhe estendi a mão. Ela me esticou sucessivamente as falanges dos dedos, sem interromper seu palavreado. Caretas de pesadelo convulsionavam seu rosto.

Um morador de Figuig que a observava me disse:

— Sabe, essa mulher não é daqui. Ela era escrava dos muçulmanos em Méchéria; era casada; tinha um filho que se chamava Mahmoud. Veja o que é o destino: essa Mériéma era crente, calma, sensata. Ela desfrutava de uma reputação virtuosa entre as mulheres. Então, um dia, Deus lhe tirou seu filho. Então ela ficou louca e fugiu, nua e sozinha. Parou de falar árabe, retomando a língua de seus ancestrais, que vieram de muito longe, bem além do Touat. Percorreu as estradas e os vilarejos, vivendo da caridade dos crentes. Muitas vezes a levaram ao *ksar* de Oudarhir, em Figuig, onde muçulmanos religiosos tomaram conta dela. Mas sempre volta a Beni-Ounif. Ela se abriga debaixo de um monte de tábuas. Mesmo assim as crianças a perseguem e zombam dela. Nas noites de domingo, quando os legionários e os *tirailleurs* estão bêbados, eles esquecem que ela é uma pobre inocente e a violam, apesar de suas queixas e de seus gritos... O homem bêbado se assemelha a um bicho selvagem... Deus nos proteja de uma miséria como a dessa criatura!

... Uma manhã de luz. O siroco se pacificou na planície onde, durante dias carregados, ele semeou cinzas vermelhas.

Na aurora, um vento leve, vindo do Norte, agitou a poeira das tamareiras que voltam a verdejar nos vales em torno do *ksar* de ocre.

Através de transparências verdes o dia se levanta. Os *tirailleurs* passam, indo em direção ao leito do *oued* em que algumas palmeiras e oleandros crescem nos veios de *toub* cor de sangue.

Com uniforme de algodão branco, seus metais em que o Sol nascente acende centelhas de ouro e a parafernália mais austera da *nouba* árabe, os músicos vão ensaiar, acordar até as nove horas os ecos do vale morto com notas estrondosas de clarins, notas queixosas e anasaladas de *rhaïta*, marteladas surdas de tambores.

Eles atravessam o vilarejo, e a glória da hora da manhã bota um sorriso em seus rostos morenos de dentes brancos, uma carícia em seus pescoços musculosos e nus.

Com um gesto seco, mecânico, todos os braços levantam juntos os metais e uma música animada, de uma alegria despreocupada, irrompe.

De repente, como uma pantera negra, Mériéma aparece, surgindo de um buraco escuro. Cobriram-na com uma *gandoura* em trapos e um chapéu feminino velho, de palha, com fitas azuis.

Precedendo o grupo de *tirailleurs* que está rindo, ela dança, pula, com gritinhos de um macaco irritado. Pouco a pouco, acelerando seus movimentos, com rebolados frenéticos, ela rasga sua *gandoura* e continua a dançar, nua, apenas com o chapéu, preso por um fio.

Mériéma acompanha, até o ponto de extração de *toub*, a música dos *tirailleurs*, que chegam na alegria da manhã sem nuvens.

... Um dia de tranquilidade no deserto silencioso, no vilarejo. Um vapor leve e branco nubla o céu atravessado pelos voos rápidos de pássaros migratórios. No leito do *oued*, entre as tâmaras pretas, debaixo das folhagens afiadas das tamareiras azuis, está sentada Mériéma.

Ela decorou os arbustos com roupas velhas coloridas recolhidas nas ruas, como se para alguma cerimônia estranha de um culto fetichista.

Com ritmo, os braços compridos, magros e nodosos levados acima da cabeça, ela bate numa lata velha à guisa de tamborim.

Ela canta, com um aspecto monótono, com uma voz aguda de falsete, uma toada ininteligível.

Uma fumaça pungente sobe em espirais cinza de um pequeno braseiro de excremento de camelo que a louca acendeu na frente das árvores.

Entretanto, a terra espalha um cheiro desenxabido de ossário, há ossos ali, uma grande poça de sangue brilha em muitas cores, putrefata... Esse lugar é um abatedouro.

Mas Mériéma não vê a matança lamentável, os porcos imundos que vêm revolver com seus focinhos ávidos os restos sangrentos, lamber o sangue coagulado. Ela não sente o cheiro pavoroso da morte. Ela reza, ela salmodia, ela chora, para sempre eliminada da comunhão dos seres, mergulhada na solidão lúgubre de sua alma obscurecida.

... Encontrei Mériéma uma última vez na noite da partida. Já era muito tarde; a Lua minguante levantava, pálida, como se furtiva, na planície azul. E Mériéma dançava, completamente nua e completamente preta, sozinha, numa duna baixa.

Ficção

Publicada em seus diários, alega-se que esta seja a fotografia do corpo de Eberhardt, após ter sido retirado de sua casa em Aïn Sefra

Infernalia (Volúpia sepulcral)

Para Ahmed ben Arslan, *in memoriam*

Amour sans fin, amours sans nombre,
Amours aux objets innomés,
Amour d'un rêve, amour d'une ombre,
C'est toujours de l'amour. Aimez!

Aimez! Dans vos regards limpides
Ces éclairs toujours rallumés
Sont les étincelles rapides
De la flame éternelle. Aimez!
Jacques Richepin, "Les Îles d'Or"*

No silêncio noturno, a grande sala melancólica, mal iluminada, dormia vagamente...

Das mesas abomináveis, do piso imundo subia um cheiro desenxabido — um cheiro de vísceras humanas, de sangue coagulado, de drogas derramadas...

Nesse perfume da miséria, nessa sala dolorosa, sobre duas mesas dormiam dois cadáveres, cobertos por mortalhas brancas, trajes sinistros do terror.

Perto da parede nua, parede de hospital ou prisão, de asilo ou caserna, debaixo de seu lençol lamentável, um homem esta-

---

* Em tradução livre: "Amor infinito, amores inumeráveis,/ Amores por objetos sem nome,/ Amor por um sonho, amor por uma sombra,/ Sempre é amor. Amém!// Amém! Em seus olhares límpidos/ Esses raios sempre acesos/ São faíscas velozes/ Da chama eterna. Amém!". Jacques Richepin, *As ilhas de ouro*.

va deitado, rígido para sempre, os olhos fechados, em sua indiferença agora eterna. Muito jovem, vinte anos talvez; as feições de estátua branca, muito suaves, os lábios pálidos quase sorridentes na face lívida, com um sorriso do além...

No canto oposto, uma mulher deitada, também ela, debaixo do lençol dos miseráveis.

Uma imagem mística e pura, em sua beleza pálida transcendental de mártir...

Sob a sombra azulada dos cabelos pretos, uma brancura imóvel, a carne voluptuosa enrijecida no frio da morte, agora estrangeira aos abraços ardentes, aos beijos inflamados.

A forma rígida levantava o véu infame com seu contorno perfeito...

E nesse reino sinistro da morte tenebrosa, a chama baixa do gás atirava seus reflexos sangrentos.

No silêncio pesado, no cheiro nauseante, os cadáveres sem nome, ambos jovens e belos, dormiam seu sono de terror...

Ainda tinham a forma humana, mas na sala mortuária eles não importavam... Eles não *existiam*, para sempre riscados do número dos seres.

Miseráveis esmagados pelo destino, abatidos pelo vício; passantes desconhecidos, vieram dar aqui. Amanhã, debaixo do bisturi frio, despedaçados, vergonhosamente esfolados, suas vísceras nuas, eles vão mostrar para outros rapazes, para outras moças, ávidos de vida, de conhecimento e de amor, seus órgãos dilacerados, seus miseráveis trapos sangrentos, seu único bem, sem dúvida, durante sua vida para sempre ignorada...

Eles iam espalhar sua miséria última ao grande Sol indiferente — ao Sol, em sua alegria eterna...

Tanto faz!

No grande enigma do Devir eterno, como lamentar o sangue, a vida, a carne sacrificados?

E todos aqueles que, amanhã, iam molhar suas mãos, jovens e quentes, nesse sangue gelado, nessa carne mutilada, iam depois tentar aliviar um pouco a dor de seus irmãos lastimáveis, tentar aplacar um dia o grande uivo que o Devir incessante arranca!

Em seguida, eles também iam rolar, de repente inertes e gelados, no mesmo Nada sem forma, sem duração e sem nome...

E assim, sempre...

Eles jaziam na radiação estranha da luz vacilante...

E ali, perto deles, mortos imóveis, um ser vivo lutava contra as forças escuras desconhecidas dos subterrâneos tenebrosos de seu ser, que iam dominá-lo, aniquilá-lo...

Perto da cama miserável onde jazia a mulher lívida, um estudante, de guarda na clínica, estava de pé.

Ele a observava, a carne excitada por um desejo pavoroso.

Sua face pálida, de olhos pretos angustiados, se convulsionava com calafrios gelados...

Com toda a sua vontade, com toda a sua energia jovem, ele resistia, lutando contra os chamados sinistros da neurose...

Mas ele não podia mais escapar, fascinado, imóvel; a carne mole, enfraquecendo pouco a pouco, assolada por um pavor mortal, o coração agitado pela aversão...

Ele se sentia sem forças diante do abraço horrível que ele desejava loucamente.

E logo ele ia ceder...

Seu sofrimento era intolerável nesta noite cruel...

Sua virilidade se revoltava contra o coito abominável; sua vontade era fugir...

E ele permanecia imóvel, a testa molhada de suor, os punhos fechados...

Ele se sentia forte e bonito; sabia ser muito jovem, e absolutamente homem. E sua confiança se excitava ao pensamento desse simulacro fúnebre do amor que, já tantas vezes, o havia arrastado para os abismos inefáveis da volúpia.

Ele rechaçava, enjoado, a fantasmagoria obscura nascida de sua neurose que nesta noite triunfava, aviltando-o, diante dessa mulher cujas formas geladas seus olhos viam sem pudor debaixo do lençol macio, diante da horrível quimera.

Ele tentava, com toda a sua energia, com toda a castidade já inconsciente, mas ainda viva que existia nele, transferir seu desejo delirante de possessão para uma mulher viva — não importa qual...

Mas todas as imagens que sua memória evocava, sob a tensão violenta de sua vontade, eram pálidas, impessoais..., enquanto, diante desta — a morte —, sua carne jovem estremecia, se arrebatava, se enfraquecia contra sua vontade.

O vermelho da vergonha, diante do fracasso, sobrevém ao seu rosto... Ele desprezava a si mesmo e se odiava nesta hora de tortura.

Seu olhar desliza para a elevação da mortalha fúnebre, acima do corpo. E ele *sabia*, ele via através dele.

Mas ele queria ver de verdade, fatalmente.

Então ele cedeu a esse desejo, lutando sempre, entretanto, contra o *outro* que ele sabia ser mórbido e infame...

Com a mão que tremia violentamente ele levantou o lençol e observou essa nudez lamentável que se expunha aos seus olhos impudicos.

Então ele sentiu que ia desmaiar, experimentou um longo frêmito até as profundezas de sua carne triunfante...

E ele caiu sobre o cadáver branco, o apertou num abraço selvagem, doloroso, de dentes cerrados, estremecendo em sua febre horrível...

Quando a tomou, sem ao menos sentir sua frieza, ele experimentou um arrepio de volúpia última.

Com toda a sua força ele a apertava mais e mais, sentindo-a viva, ardente, louca com as carícias dele, apertando-se contra sua carne palpitante, lasciva e macia em seu calor doce de amante passiva...

Ele soltou um guincho furioso de volúpia, o grito triunfante, a grande aleluia da neurose todo-poderosa.

E quanto mais ele, raivoso, como macho absolutamente selvagem, a apertava, mais ele a sentia viver, estremecendo com suas carícias loucas.

Ele pressionou violentamente, até sentir dor, seus lábios sobre os de sua amante-fantasma, a morta insensível.

De novo, o mesmo arrepio voluptuoso sacudiu todo o seu corpo.

Sua cabeça, de olhos arregalados pelo prazer, descansava macio, lânguido, sobre o peito da morta.

E esta, *distante*, inanimada, insensível a essas carícias ardentes do macho que a possuía apesar da morte, continuava sempre deitada, o rosto virado para o teto úmido de sombras vagas.

Seus olhos mortos continuavam fechados, e sem alegria nem dor, nesse coito monstruoso; ela permanecia mais passiva que qualquer amante jamais seria sob o abraço poderoso do ser vivo.

Na aurora pálida do dia primaveril, sobre sua cama de sangue e de amor, a morta e seu amante adormecido descansavam: ela, calma para sempre, já esvoaçando em direção ao desconhecido tenebroso; ele, destinado a rodopiar por ainda alguns anos no turbilhão impessoal do Devir eterno...

O feiticeiro

Si Abd-es-Sélèm morava em uma casinha deteriorada, de pedra bruta grosseiramente branqueada com cal, em cujo teto se apoiava o tronco curvado de uma velha figueira de folhas largas e espessas.

Dois cômodos desse abrigo estavam destruídos. Os outros dois, um pouco elevados, encerravam a pobreza orgulhosa e as estranhas reflexões de Si Abd-es-Sélèm, o Marroquino.

[*Em um, havia vários baús encerrando livros e manuscritos do Magrebe e do Oriente.*

Em outro, sobre uma esteira branca, um tapete marroquino com algumas almofadas. Uma pequena mesa baixa de madeira branca, um fogareiro de cerâmica com a brasa salpicada de benjoim, algumas xícaras de café e outros utensílios modestos de uma casa de alguém pobre, e mais livros, compondo toda a mobília.]*

No pátio decrépito, em torno de uma grande figueira que protegia o poço e o pavimento irregular, havia alguns pés de jasmim, único luxo dessa morada singular.

---

* Existem duas versões deste texto que foram cotejadas por Marie-Odile Delacour e Jean-René Huleu. O que está entre colchetes é o que diferencia uma versão da outra. Uma curiosidade é que uma das versões foi assinada como Isabelle Ehnni, o nome do seu marido.

Nos arredores, havia o cenário privilegiado de colinas e pequenos vales verdejantes em que se incrustava, como uma joia, a branca Annaba. [*Em torno da casa de Si Abd-es-Sèlèm, os* koubbas *azulados e os túmulos brancos do cemitério de Sid-el-Ouchouech se destacavam em nuances pálidas sobre o verde-escuro das figueiras.*]

... O Sol tinha se posto atrás do grande Idou melancólico, e o incêndio púrpura de todas as tardes de verão tinha sido extinguido sobre o campo fatigado.

Si Abd-es-Sélèm se levantou.

Era um homem de cerca de trinta anos, de estatura elevada, esbelto, sob suas roupas largas cuja brancura se apagava debaixo de um *burnous* preto.

Um véu branco enquadrava seu rosto bronzeado, macilento devido à insônia, mas cujos traços e expressão eram de uma grande beleza. Seus olhos longos e pretos traziam um olhar sério e triste.

Ele saiu para o pátio para as abluções e para a oração do *magh'reb*.

— A noite será serena e bonita, e vou meditar debaixo dos eucaliptos do *oued* Dhebeb — ele pensou.

Quando terminou a oração e o *dikr* do bem-aventurado xeque Sidi Abd-el-Kader Djilani de Bagdá, Si Abd-es-Sélèm saiu de sua casa. A Lua cheia subia acima do alto-mar tranquilo, no horizonte levemente embrumado por vapores de um cinza da cor do linho.

De repente, os cãezinhos ferozes das casas beduínas próximas ao cemitério rosnaram, de início surdamente, depois correram, uivando, em direção ao caminho de Sidi-Brahim.

Então Si Abd-es-Sélèm escutou um chamado pavoroso, uma voz de mulher. Surpreso, ainda que sem pressa, o solitário atravessou a pradaria e chegou à estrada, viu uma mulher, uma judia ricamente enfeitada que, tremendo, se apoiava contra o tronco de uma árvore.

— O que você está fazendo aqui de noite? — ele perguntou.

— Estou procurando o *sahâr* (feiticeiro) Si Abd-es-Sélèm, o Marroquino. Tenho medo dos cães e dos túmulos... Me proteja.

— Então é a mim que você procura... nesta hora avançada, e sozinha. Venha. Os cães me conhecem e os espíritos não se aproximam daquele que percorre o caminho de Deus.

A Judia o seguiu, em silêncio.

Si Abd-es-Sélèm escutava o bater dos dentes da moça e se perguntava como essa criatura lindamente enfeitada e tímida conseguiu chegar aqui, sozinha, depois da noite ter caído.

Eles entraram no pátio e Si Abd-es-Sélèm acendeu uma pequena lamparina beduína velha, fumacenta.

Então, se interrompendo, ele analisou sua estranha visitante. Esbelta e elegante, a Judia, sob o vestido de brocado azul-pálido, com seu gracioso penteado mouro, era bonita, de uma beleza estranha e perturbadora.

Ela era muito jovem.

— O que você quer?

— Disseram-me que você sabe prever o futuro... Senti um pesar, e vim...

— Por que você não veio de dia, como os outros?

— Isso importa? Escute-me e me diga qual será minha sorte.

[— *O fogo do inferno, como o da raça infiel!*

Mas Si Abd-es-Sélèm disse isso sem dureza, quase sorrindo. Essa aparição sedutora rompia a monotonia de sua vida e agitava um pouco o tédio pesado de que ele sofria em silêncio.]

— Sente-se — ele diz, [*introduzindo-a em seu quarto.*]

Então a Judia falou.

— Eu amo um homem — ela disse — que foi cruel comigo e me deixou. Fiquei sozinha, e estou sofrendo. Diga que ele vai voltar.

[— *Ele é judeu?*

— *Não... muçulmano.*]

— Diga-me o nome dele e o de sua mãe e me deixe fazer os cálculos que os sábios do *magh'reb*, minha pátria, me ensinaram.

— El Moustansar, filho de Fathima.

Sobre uma tábua pequena Si Abd-es-Sélèm traçou números e letras, depois, com um sorriso, disse:

— Moça, esse homem que se deixou cair em suas graças ilusórias e que teve a coragem louvável de fugir vai voltar.

A Judia soltou uma exclamação de alegria.

— Ah — ela disse — eu vou recompensá-lo com generosidade.

— Todas as riquezas [*mal obtidas de sua raça*] não vão recompensar com dignidade o tesouro inestimável e amargo que lhe dei: o conhecimento do futuro...

— Agora, Sidi, tenho outra coisa para perguntar para a sua ciência. Sou Rakhil, filha de Ben-Ami.

E ela pegou o caniço que servia de pena ao *taleb* e o apoiou contra seu coração, enquanto seus lábios murmuraram palavras rápidas, indistintas.

— Seria melhor não tentar saber tudo o que a espera.

— Por quê? Ah, responda, responda!

— Que seja.

E Si Abd-es-Sélèm pegou de volta seu livro de feitiços misterioso. De repente, um espanto violento se desenhou em seus traços e ele observou atentamente a mulher. Si Abd-es-Sélèm era poeta e se alegrava do acaso estranho que colocava sua vida em contato com a dessa Judia que, segundo seu cálculo, seria atormentada e singular, acabando de modo trágico.

— Escute — ele disse — e condene apenas a si mesma por sua curiosidade. Você provocou o infortúnio daquele que você ama. Ele ignora isso, mas talvez por instinto fugiu. Mas ele voltará e vai ficar sabendo... Ah, Rakhil, Rakhil! Isso já é suficiente ou preciso lhe dizer tudo?

Tremendo, lívida, a bela Rakhil fez um sinal afirmativo com a cabeça.

— Você ainda terá um momento de alegria e esperança com esse homem que vai voltar. Depois, você vai perecer no sangue.

Essas palavras caíram no grande silêncio da noite, sem eco. A Judia escondeu seu rosto nas almofadas, aniquilada.

— Então é verdade! Há pouco, no *magh'reb*, interroguei a velha Tyrsa, a cigana do Porta de Quinta-feira... e não acreditei nela... Eu a insultei... E você, você me repete de modo ainda mais terrível a sentença dela... Morrer? Por quê? Eu sou jovem... Eu quero viver.

— Pois então... Esse é o seu erro! Você era a borboleta efêmera cujas asas reluziam as cores mais brilhantes e que esvoaçava sobre as flores, ignorando sua hora... Você quis saber e agora se assemelha à garça melancólica que sonha nos pântanos febris...

Rakhil, largada no tapete, soluçava.

Si Abd-es-Sélèm a observava e pensava com a curiosidade profunda de seu espírito escrutinador, depurado na solidão. Não havia pena em seu olhar. Por que essa Rakhil se queixava? Tudo aquilo que ia acontecer a ela não estava escrito, não era inelutável? E ela não provava a vulgaridade e ignorância de seu espírito ao lamentar que aquilo que o Destino lhe oferecia era menos banal que aos outros... mais paixão, mais vicissitudes em menos anos, salvando-a da aversão e do tédio?

— Rakhil — ele disse —, Rakhil! Ouça... Sou aquele que machuca e cura, aquele que desperta e faz dormir... Ouça, Rakhil.

Ela levantou a cabeça. Lágrimas corriam em suas bochechas pálidas.

— Pare de chorar e me aguarde. Está na hora da oração.

Si Abd-es-Sélèm pegou em um nicho alto um livro encadernado em seda bordada com ouro e, beijando-o devotamente, o levou para outro cômodo. Depois, no pátio, ele rezou a *âcha*.

Sozinha, Rakhil se levantou e, agachada, ela sonhava, e seu pensamento era lúgubre... Ela se arrependia amargamente de ter querido desafiar a sorte e saber o que lhe aconteceria...

Si Abd-es-Sélèm retornou com um sorriso.

— E então — ele disse —, você não sabia que, cedo ou tarde, ia morrer?

— Eu esperava viver, ser mais feliz e morrer em paz...

Si Abd-es-Sélèm deu de ombros com desdém.

Rakhil se levantou.

— O que você gostaria de receber como pagamento?

A voz da Judia tinha se tornado dura.

Ele permaneceu em silêncio, observando-a. Então, depois de um momento, respondeu:

— Você vai me dar o que eu pedir?

— Sim, se não for demais.

— Meu pagamento será aquilo que eu quiser.

Ele pegou os punhos dela.

[*Ela fugiu, insolente.*]

— Me deixe ir embora! [*Não sou para você. Me solte.*]

— Você é como a romã madura que caiu da árvore: é de quem pegar; o que foi encontrado foi dado por Deus.

— Não, me deixe ir embora...

Ela se soltou dele.

[*Ele a inclinava em direção ao tapete, irresistivelmente.*]

Agradecimentos da organizadora

À minha irmã Luciana, que estava em Genebra na época da exposição da Maison Tavel e me trouxe textos importantes sobre Isabelle Eberhardt.

Aos meus pais, Carlos e Heloisa, pelo apoio incondicional.

A Letícia Coletti e Laura Chagas, que leram o primeiro rascunho e me ajudaram a achar um rumo para a minha escrita.

A Felipe Benjamin Francisco, meu primeiro professor de árabe, que me auxiliou na tradução das expressões dialetais argelinas.

À maravilhosa equipe da editora Fósforo que se animou em publicar a história dessa viajante.

A Thiago Blumenthal: eu sentei e escrevi.

Glossário

Âcha: em árabe, jantar e também o nome da oração da noite realizada pelos muçulmanos

Asr: a oração do meio da tarde

Bei: título turco tradicionalmente usado por pessoas de linhagens especiais de governantes

Berrania: estrangeiro

Beylik: palavra de origem turca que significa "senhor"

Borda: ou *burdah*, ode do manto, elegia da morte

Bordj: torre

Burnous: capa longa com um capuz, geralmente branco, usada por homens da região do Magrebe

Cabila: povo de origem berbere que habita a região montanhosa da Cabília, no norte da Argélia

Cádi: juiz

Caïd: também grafado *caoued*, homem nomeado pelo bei para ser o governante dos *caïdatos*, divisão territorial adotada durante a regência de Túnis, antes da instauração do protetorado francês

Califa: vice-governador dos *caïdats* do bei de Túnis, substituto do *caïd*

Casbá: cidadela cercada por muros em diversas cidades do Norte da África

Chechiya: barrete usado por homens muçulmanos no Norte da África

Chelha: idioma berbere

Chenâbeth: plural, pela formação árabe, da palavra sabir *chambith*, guarda do campo.

Chott: deserto de sal ou lago salgado

Deïra: guarda municipal, policial

Derouich: dervixe, membro de confrarias muçulmanas que vivia a paixão por Deus em extrema pobreza, por vezes considerado um santo ou um louco

Diffa: jantar de boas-vindas em honra a viajantes

Dikr: invocação, repetição do nome de Deus, fórmula ritual e sagrada entoada pelos membros de uma mesma confraria religiosa

Diss: ervas secas, junco

Djebel: montanha, monte

Djellaba: um longo robe com mangas compridas

Djemâa: assembleia local de habitantes do *douar*; mesquita

Djich: grupo armado, em árabe, cujos combatentes lutavam pelo Estado marroquino em troca de terras

Djouak: um tipo de flauta

Douar: agrupamento de habitações temporárias ou fixas

Fellah: camponês

Ferrachia: véu curto

Gandoura: túnica de lã, de seda ou algodão sem mangas usada por baixo do *burnous*

Goumbri: pequeno violão árabe de duas cordas esticadas sobre uma carapaça de tartaruga

Gourbi: casa de terra

Guebla: também grafado *qibla*, a direção de Meca para onde o muçulmano tem que se virar na hora das preces

Guennour: cobertura de cabeça especial usada pelos *spahis*

Haïk: grande véu branco usado pelas mulheres

Hakem (pl. *hokkam*): administrador, mas vem de *hakim* que pode significar "médico" e "alguém que sabe"

Hetaira: ou hetera; meretriz, prostituta. "Companheira", em grego, era o nome dado à prostituta refinada na Grécia Antiga, que, diferenciando-se das comuns (*pornoi*), além de serviços sexuais, fazia companhia e compartilhava a sabedoria com os clientes

Khammès: um arrendatário de terras que ficava com um quinto da produção

Kharatine: ou haratins, haratines, chouachins ou chouachines, chamados também de "mouros negros", é o nome dado às populações negras do Saara

Khodja: intérprete e secretário

Khouan: significa literalmente "irmãos", título de membros de diversas confrarias religiosas islâmicas

Kief: uma das formas mais conhecidas de concentrados de *Cannabis sativa*

Koubba: monumento que assinala a tumba de um *marabout*

Ksar: vila do Saara

M'Tourni: em árabe argelino, diz-se daquele que renegou as origens e se converteu a novos costumes, mudando de identidade; renegado, pessoa que seguia uma religião e mudou para outra. "Renegado" era o termo usado desde a Idade Média para grupos de *sadaka* cristãos da Península Ibérica que iam para o Norte da África que se convertiam ao Islã para ter privilégios e benefícios sociais nas sociedades do Império Islâmico. A palavra também passou a ser empregada por quem deixava o Islã por outra religião

M'zanat: ver *m'zani*

M'zani (pl. *m'zanat*): renegado, nome dado aos argelinos pelos marroquinos; ver *m'tourni*

Maâch: tipo de cuscuz

Madraçal: ou madrassa, escola islâmica

Magh'reb: oeste, ocidente, pôr do sol

Mahakma: tribunal, sala do juiz

Makam: sepultura do santo

Makhzen (pl. *makhzenia*): corpo complementar da polícia ou do exército, composto de locais, responsável por manter a ordem; nome também dado à polícia marroquina

Marabout: professor e líder religioso muçulmano, considerado uma espécie de santo no Magrebe e outras partes da África

Matara: odre para conservar água

Mechta: povoado

Meddah: contador de histórias que se apresentava diante de grupos de pessoas

Medjba: imposto por pessoa que vigorou na Tunísia entre o século 17 e 1913

Mektoub: o destino, a vontade de Deus

Melk: título de propriedade privada concedida a terras tribais

Mellah: bairro judeu

Mézouïd: odre de pele de cabra para carregar as provisões de comida na estrada (semolina, tâmaras...)

Mleya: um tipo de véu que cobre todo o corpo da mulher, usado no leste argelino

Mlahfa: também grafado *mehlka*, roupa tradicional feminina usada no Magrebe, envolta por um véu longo que cobre todo o corpo

Mokhazni: funcionários públicos não ligados à administração francesa que trabalham no *makhzen*

Mokaddem: diretor de uma zauia, nomeado pelo xeque, o líder religioso

Mueddine: também grafado *muezzin*, é a pessoa que faz o chamado para as orações diárias na mesquita

Mujique: camponês russo

Naach: maca de madeira

Naïb: dignatário muçulmano, vigário

Nouba: música dos *tirailleurs* norte-africanos durante o período da colonização

Oued: leito de rio ou vale seco do Norte da África, mas que se enche durante a estação chuvosa

Oukil: tipo de administrador de negócios financeiros

Qadiriya (sg. *qadri* ou *qadiri*): também grafado *kadriya*, *qadriya*, ou *kadri*, no singular, é a confraria fundada no século 12 por Abd el Kader Djilani de Bagdá

Ramadã: mês do jejum muçulmano

Razia: ataque para saquear território inimigo; termo também usado para a captura de pessoas livres de vilarejos para serem vendidas como escravas

Rhaïta: espécie de clarinete ou instrumento de sopro

Roumi: termo originalmente usado para designar os romanos; por extensão, designa hoje os franceses ou os europeus e também utilizado para se referir a cristãos

Sadaka: oferenda religiosa

Sedak: dote de casamento da mulher berbere

Sefseri: *burnous* tunisiano

Séguia: canal de irrigação

Sokhar: cuidador de camelos

Souk: mercado

Sufete: governante das cidades-estados da Fenícia e de Cartago

Taleb (uma das variantes do pl.: *tolba*): estudante, erudito muçulmano

Toub: argila seca

Toubib: gíria para "médico", que se originou da palavra árabe *tabib* e designava os médicos militares durante a colonização da Argélia

Xeque: governava os *cheikhats*, correspondentes às tribos e vilas, era escolhido pelos notáveis locais e sua principal função era a coleta de impostos; nome também dado ao chefe das confrarias religiosas, professor, líder espiritual, homem velho

Zauia: edifício religioso muçulmano, comparado a um monastério;

Zouaouï: palavra berbere que significa cabila e faz referência a Zouaoua, uma confederação de oito tribos organizadas em dez grupos na região da Grande Cabília, na Argélia

Zuavo: soldado que formava unidades de tropas coloniais sob o comando francês na Argélia e em outros territórios árabes, nos séculos 19 e 20

Notas

INTRODUÇÃO: PELO DIREITO DE VAGAR [PP. 11-27]

1. Todos os trechos citados foram tirados da edição de Marie-Odile Delacour; Jean-René Huleu (Orgs.), *Écrits sur le Sable (nouvelles et roman): Œuvres Complètes*. 2 v. Paris: Bernard Grasset, 1988, com tradução feita para esta edição.

2. Victor Barrucand, o editor de Isabelle Eberhardt, voltou a publicar o conto no seu jornal *Al Akhbar* em 28 de janeiro de 1906, para depois colocá-lo no livro *Pages d'Islam* [Páginas do Islã] (Fasquelle, 1920) sob o título "La Rivale" [A rival].

3. Alessandra Teixeira, Fernando Afonso Salla; Maria Gabriela da Silva Martins da Cunha Marinho, "Vadiagem e prisões correcionais em São Paulo: mecanismos de controle no firmamento da República". *Estudos Históricos*, Rio de Janeiro, v. 29, n. 58, pp. 381-400, maio-ago. 2016. Disponível em: <https://www.scielo.br/pdf/eh/v29n58/0103-2186-eh-29-58-0381.pdf>. Acesso em: 16 fev. 2021.

4. A criminalização da vadiagem entre mulheres negras no contexto estadunidense foi fabulosamente explorada no livro *Vidas rebeldes, belos experimentos: histórias íntimas de meninas negras desordeiras, mulheres encrenqueiras e queers radicais*, de Saidiya Hartman. Trad. de floresta. São Paulo: Fósforo, 2022.

5. bell hooks, *Belonging: A Culture of Place* (Londres: Routledge, 2008) apud Dúnlaith Bird, *Travelling in Different Skins: Gender Identity in European Women's Oriental Travelogues, 1850-1950*. Oxford: Oxford University Press, 2012.

6. Id., *Olhares negros: raça e representação*. Trad. de Stephanie Borges. São Paulo: Elefante, 2019, p. 308.

7. Mary Louise Pratt, *Os olhos do Império: relatos de viagens e transculturação*. Trad. de Jézio Gutierre. Bauru: Edusc, 1992, p. 27.

8. Dúnlaith Bird, op. cit., p. 31.

9. Mary Louise Pratt, "Planetarity Longings" (In: Mary Louise Pratt; Ron G. Manley; Susan Bassnett, *Intercultural Dialogue*. Londres: British Council, 2004, pp. 10-31) apud Dúnlaith Bird, op. cit., p. 248.

10. Sabrina Benziane, *Réalité et création littéraire dans l'oeuvre d'Isabelle Eberhardt*. (Doutorado em Ciências de Textos Literários.) Faculdade de Letras e Línguas Estrangeiras, Universidade de Batna 2. Batna, 2016-17.

11. O livro-objeto *Vagabundagens*, lançado pela editora Cultura e Barbárie em 2015, traz a tradução de um texto de Eberhardt feita por Takashi Wakamatsu. Na revista acadêmica *Cadernos de Literatura e Tradução*, da Universidade de São Paulo (n. 13, pp. 229-47), Cristiane Grando publicou o artigo "As viagens, a liberdade e o mundo árabe na obra de Isabelle Eberhardt", com a tradução das primeiras dez páginas de *Notes de route: Maroc-Algérie-Tunisie* [Notas da estrada: Marrocos-Argélia-Tunísia].

12. Esse termo é usado aqui para se referir ao mundo antes do seu "desencantamento", segundo expressão definida por Max Weber em "A ética protestante e o espírito do capitalismo", ao refletir sobre "a especificidade e o ineditismo do racionalismo moderno frente ao 'pensamento mágico' medieval". O conhecimento, nesse mundo, é apreendido através de "faculdades especiais que ultrapassam ou se distinguem do domínio da razão. Com certeza, não se trata de uma negação da razão mas, sim, de um tratamento sobre ela que a torna diferente da 'nossa razão'". Beatriz Barcellos Machado, *A trama e a urdidura — um ensaio sobre educação a partir do encantamento*. (Doutorado em Filosofia.) Faculdade de Filosofia, Letras e Ciências Humanas da Universidade de São Paulo, São Paulo, 2010, p. 23.

13. Robert Randau, *Isabelle Eberhardt: Notes et souvenirs*. Livro digital. Paris: La Boîte à Documents, 1989, p. 64.

14. Entre os vários trabalhos acadêmicos sobre o tema, destaco o de Daniela Fernandes Alarcon com *O retorno da terra: as retomadas na aldeia tupinambá da Serra do Padeiro, Sul da Bahia* (São Paulo: Elefante, 2019). Na literatura, o assunto é central para a trama de *Torto arado*, de Itamar Vieira Junior (São Paulo: Todavia, 2019). Talvez aqui valha a observação de que movimentos mais conservadores também se apropriam de um discurso espiritualista para defender posições antidemocráticas e antiliberais, como se vê na filosofia tradicionalista e no discurso de Olavo de Carvalho, que chegou a fundar sua própria confraria sufi, em uma adaptação bastante livre do que é o sufismo. Para o tema, ver Benjamin Teitelbaum, *Guerra pela eternidade: o retorno do Tradicionalismo e a ascensão da direita*. Tradução de Cynthia Costa. Campinas: Editora da Unicamp, 2021.

VAGABUNDAGEM GEOGRÁFICA: PARTIR É O ATO MAIS CORAJOSO DE TODOS [PP. 28-44]

1. Robyn Davidson, *Tracks*. Livro digital. Londres/ Nova Délhi/ Nova York/ Sydney: Bloomsbury, 2012. [ed. bras.: *Trilhas — A incrível jornada de uma mulher pelo deserto australiano*. Trad. de Celina C. Falck-Cook. São Paulo: Seoman/ Pensamento Cultrix, 2015.]

2. Hedi Abdel-Jaouad, "Isabelle Eberhardt: Portrait of the Artist as a Young Nomad". *Yale French Studies*, n. 83, *Post/Colonial Conditions: Exiles, Migrations, and Nomadisms*, v. 2, 1993, p. 95.

3. Em um dos poucos registros autobiográficos deixados por Eberhardt, uma carta enviada ao amigo tunisiano Ali Abdul Wahab, ela descreve como era o clima na sua casa. Ver Isabelle Eberhardt, *Écrits intimes*. 3ª ed. Marie-Odile Delacour; Jean-René Huleu (Orgs.). Paris: Petite Bibliothèque Payot, 2003, pp. 80-90.

4. Isabelle Eberhardt, "Un automne dans le Sahel tunisienne". In: Marie-Odile Delacour; Jean-René Huleu (Orgs.), *Écrits sur le Sable (récits, notes et journaliers): Œuvres Complètes*, v. 2, op. cit., p. 476.

5. Edmonde Charles-Roux, *Un Désir d'Orient: Jeunesse d'Isabelle Eberhardt, 1877-1899*. Paris: Éditions Grasset & Fasquelles, 1988, p. 437.

6. Mohammed Rochd, *Le Dernier voyage dans l'ombre chaude de l'Islam*. Argel: Entreprise nationale du livre, 1991, p. 10. Apud Alba Dellavedova, "La Recherche de l'inconnu dans les textes d'Isabelle Eberhardt: la valorisation du movement". *Multilinguale*, n. 8, 2017. Disponível em: <https://journals.openedition.org/multilinguales/350>. Acesso em: 21 fev. 2021.

7. Mohammed Rochd, *Isabelle Eberhardt, Une version inédite de Sud oranais, Notes de route*. Argel: ENAG Édition, p. XV. Apud Sabrina Benziane, op. cit., p. 58.

8. Robert Randau, op. cit.

9. Isabelle Eberhardt, *Écrits intimes*, op. cit., p. 124.

10. Id. apud Annette Kobak, *The Life of Isabelle Eberhardt*. Nova York: Alfred Knopf, 1989, p. 63.

11. Annette Kobak, ibid., p. 74.

12. A má fama de Eberhardt ficou ligada aos partidários do Marquês de Morès, um opositor do governo francês. Quando foi a Paris, Medora de Vallombrosapela, viúva do marquês, contatou Eberhardt para investigar as circunstâncias da morte do marido, assassinado por um grupo de tuaregues em junho de 1896, no Norte da África. Monarquista e antissemita, ele defendia um pacto entre franceses e muçulmanos para acabarem com o que via como o complô judaico-

-británico para dominar o mundo. Os partidários das suas ideias acreditavam que, na verdade, De Morès teria sido vítima de uma conspiração do Estado francês para fazê-lo calar-se. Ainda que Eberhardt tenha a princípio se comprometido a fazer essa investigação (Abdelaziz Osman, o amante que a acompanhou na viagem a Cagliari, era um dos informantes de Medora), ela não chegou a receber nenhum dinheiro da viúva para bancar a viagem a Argélia e logo deixou essa missão de lado. Mesmo assim, para além do seu modo de vida, essa conexão fez com que as autoridades francesas a vigiassem mais de perto.

13. Ver Isabelle Eberhardt, *Écrits intimes*, op. cit., pp. 278-9.

14. Soazic Lahuec, "Tentative d'assassinat d'Isabelle Eberhardt: un dossier judiciaire qui interroge". *Cahiers de la Méditerranée*, n. 78, 2009, p. 308.

15. Isabelle Eberhardt apud Annette Kobak, op. cit., p. 175.

16. Robert Randau, op. cit., p. 64.

17. Essa zauia era, ao mesmo tempo, um templo venerado e uma escola corânica, além de um tribunal, e os seus xeques eram aceitos como os mediadores em qualquer conflito intercomunitário na região.

18. Annette Kobak, op. cit., p. 234.

19. Ibid.

VAGABUNDAGEM IDENTITÁRIA: ENCARNAÇÃO DO QUE HÁ DE MELHOR EM MIM [PP. 45-61]

1. Virginia Woolf, *Orlando: uma biografia*. Trad. de Tomaz Tadeu. Belo Horizonte: Autêntica, 2017, p. 146.

2. Isabelle Eberhardt, "Deuxième Journalier". In: Marie-Odile Delacour; Jean-René Huleu (Orgs.), *Écrits sur le Sable (récits, notes et journaliers): Œuvres Complètes*, v. 2, op. cit., p. 320.

3. Annette Kobak, op. cit., p. 42.

4. J. Bonneval apud Annette Kobak, op. cit., p. 43.

5. Ver Holly Williams, "Why do Women Write Under Men's Names?". Disponível em: https://hollywrites.com/why-do-women-write-under-mens-names/. Acesso em: 15 jul. 2022.

6. J. Bonneval apud Annette Kobak, op. cit., p. 38.

7. Edmonde Charles-Roux, op. cit., p. 229.

8. Ibid., p. 372.

9. Annette Kobak, op. cit, p. 39.

10. Ali Abdul Wahab apud Annette Kobak, ibid., p. 54.

11. Isabelle Eberhardt, *Écrits intimes*, op. cit., p. 89.

12. Os altos e baixos dessa relação podem ser acompanhados pela correspondência de Eberhardt com Wahab, que, apaixonado, esperou em vão por Eberhardt torná-lo seu amante.

13. Annette Kobak, op. cit., p. 86.

14. Id. Ibid., p. 99.

15. Edmonde Charles-Roux, op. cit., p. 433.

16. Isabelle Eberhardt, *Écrits intimes*, op. cit., pp. 341-2.

17. Fundador da ordem Qadiriya no século 12.

18. Esta sentença, no original, está em árabe. Era comum que Eberhardt transitasse por línguas em suas cartas, variando do francês para o russo e árabe sem motivo aparente.

19. Ibid., p. 342.

20. Robert Randau apud Annette Kobak, op. cit., p. 202.

21. Isabelle Eberhardt, *Écrits intimes*, op. cit., p. 345.

22. J. Bonneval apud Annette Kobak, op. cit., p. 183.

23. Isabelle Eberhardt, *Écrits intimes*, op. cit., p. 424.

24. Ibid., p. 369.

25. Id. apud Hedi Abdel-Jaouad, op. cit., p. 107.

26. Isabelle Eberhardt, "Reminiscences". In: Marie-Odile Delacour; Jean-René Huleu (Orgs.), *Écrits sur le Sable (récits, notes et journaliers): Œuvres Complètes*, v. 2, op. cit., p. 73.

27. Sónia Serrano, *Mulheres viajantes*. Lisboa: Tinta da China, 2014, p. 62.

28. Masha Belenky, "Nomadic Encounters: Leïla Sebbar Writes Isabelle Eberhardt". *Dalhousie French Studies*, v. 96, 2011, p. 98. Disponível em: <http://www.jstor.org/stable/23621483?seq=1#page_scan_tab_contents>. Acesso em: 25 maio 2022.

29. Ali Behdad, *Belated Travelers* apud ibid. Durham: Duke University Press, p. 123.

30. Severo Sarduy, "La Simulación". In: Gustavo Guerrero; François Walh (Org.), *Obra completa. Tomo II*. Madri/ Barcelona/ Lisboa/ Paris/ Cidade do México/ Buenos Aires/ São Paulo/ Lima/ San José: ALLCA XX, 1999, p. 1267.

31. Roger Cailiois, *Méduse es Cie* (NFR: Gallimard, 1960, p. 99) apud Severo Sarduy, "La Simulación", ibid., p. 1269.

32. Masha Belenky, op. cit., p. 98.

33. Sónia Serrano, op. cit., p. 62.

34. Judith Butler, *Bodies that Matter: On Discursive Limits of "Sex"* (Londres: Routledge, 1997, p. x) apud Dúnlaith Bird, op. cit., p. 71.

35. Dúnlaith Bird, ibid., p. 71.

36. Id. Ibid., p. 72.

37. Ibid., p. 73.

38. Ibid., p. 74.

39. Edward Said, *Cultura e imperialismo*. Trad. de Denise Bottmann. São Paulo: Companhia de Bolso, 2011, pp. 256-7.

40. Daniel Bivona, *Desire and Contradiction: Imperial Visions and Domestic Debates in Victorian Literature*. Manchester/ Nova York: Manchester University Press, 1990, pp. 45-6.

41. Ibid., p. 49.

42. Edward Said, op. cit., p. 259.

43. Gertrude Bell apud Annette Kobak, op. cit., p. 89.

44. Ilija Trojanow, *O colecionador de mundos*. Trad. de Sergio Tellaroli. São Paulo: Companhia das Letras, 2006, p. 66.

45. Tzvetan Todorov, *A conquista da América: a questão do outro*. 2ª ed. Trad. de Beatriz Perrone-Moisés. São Paulo: Martins Fontes, 2003, p. 3.

VAGABUNDAGEM INTERIOR: REZAR É MELHOR QUE DORMIR [PP. 62-72]

1. Jalaludin Rumi, "Com você aqui no meio", *A dança da alma*. Trad. de Rafael Arrais. Livro digital. Edição do Autor, 2013.

2. Edmonde Charles-Roux, op. cit., p. 431.

3. Isabelle Eberhardt apud Marie-Odile Delacour; Jean-René Huleu, *Le Voyage soufi d'Isabelle Eberhardt*. Paris: Éditions Joëlle Losfeld/ Gallimard, 2008, pp. 147-8.

4. Reza Aslan, *No god but God: The Origins, Evolution, and Future of Islam*. Nova York: Random House, 2006, p. 206.

5. Isabelle Eberhardt apud Marie-Odile Delacour; Jean-René Huleu, *Le Voyage soufi d'Isabelle Eberhardt*, op. cit., p. 103.

6. Id. apud Catherine Stoll-Simon, *Si Mahmoud ou la renaissance d'Isabelle Eberhardt*. Léchelle: Zellige, 2006, p. 103.

7. Annette Kobak, op. cit., p. 28.

8. Isabelle Eberhardt, "Troisième journalier". In: Marie-Odile Delacour, Jean--René Huleu, *Écrits sur le Sable (récits, notes et journaliers): Œuvres Complètes*, v. 2, op. cit., pp. 407-8.

9. Cecily Mackworth, *The Destiny of Isabelle Eberhardt*. Londres: Routledge & Kegan Paul, 1951.

10. Escrito em árabe em uma entrada dos diários da autora. In: Marie-Odile Delacour; Jean-René Huleu, op. cit., p. 111.

11. Hujwîri apud Beatriz Barcellos Machado, op. cit., p. 33.

12. Albert Hourani, *Uma história dos povos árabes*. Trad. de Marcos Santarrita. São Paulo: Companhia de Bolso, 2006, p. 107.

13. Id. Ibid.

14. Reza Aslan, op. cit., p. 200.

15. Ibid., p. 200.

16. Ibid., p. 201.

17. Ibid., p. 202.

18. Ibid., p. 206.

19. Beatriz Barcellos Machado, op. cit., p. 43.

VAGABUNDAGEM DOCUMENTAL: A LENDA É SEMPRE MAIS INTERESSANTE QUE A VERDADE [PP. 73-80]

1. Escrito em árabe em uma entrada dos diários da autora. In: Marie-Odile Delacour; Jean-René Huleu, *Le Voyage soufi d'Isabelle Eberhardt*, op. cit., p. 111.

2. Mathias Enard, *Bússola*. Trad. de Rosa Freire d'Aguiar. São Paulo: Todavia, 2018, p. 131.

3. Hubert Lyautey, *Vers le Maroc, Lettres du Sud oranais, 1903-1906* (Paris: Librairie Armand Colin, 1937) apud Karelle Ménine, "Isabelle Eberhardt, de l'une à l'autre". *Le Couleurs des Jours*, n. 29, inverno 2018-19, p. 4.

4. Essa apropriação de textos escritos por mulheres feita por homens que podiam ser seus maridos, amigos e familiares é antiga. Um caso exemplar é o da escritora francesa Colette (1873-1954), que se casou aos vinte anos com o crítico e escritor Henry Gauthier-Villars (chamado de Willy e catorze anos mais velho que ela), que se apropriou da popular série de romances *Claudine*. Ele chegou a trancá-la em um quarto onde ela escreveu dezesseis horas por dia. Depois de se divorciar de Willy, em 1909, Colette entrou com um processo legal para recuperar a autoria de seus textos. Interessante notar que a autora publicou em 1911 o romance *A vagabunda*, considerado por Dúnlaith Bird um exemplo do movimento literário da *vagabondage*, no qual ela também insere Isabelle Eberhardt. Outros exemplos conhecidos são a apropriação de Ted Hughes da obra da sua mulher, a poeta Sylvia Plath; na biografia *Sontag: vida e obra*, Benjamin Moser afirma que a obra *Freud: The Mind of the Moralist* [Freud: a mente de um moralista], creditada ao sociólogo Philip Rieff, que foi casado com Sontag, na verdade é de autoria da escritora estadunidense. O filme *A esposa* (2017) explora de forma ficcionalizada essa situação. O mundo das artes plásticas viu história similar, narrada no filme *Grandes olhos* (2014), com o caso da obra de Margaret Keane, que foi apropriada por seu marido Walter.

5. Annette Kobak, op. cit., p. 240.

6. Ibid., p. 240.

7. Karelle Ménine, op. cit., p. 4.

8. Annette Kobak, op. cit., p. 241.

9. Mardrus é um dos contemplados por Jorge Luis Borges em seu texto "Los traductores de las *1001 Noches*", junto a Antoine Galland, Edward William Lane, Richard Francis Burton e Enno Littmann.

10. Karelle Ménine, op. cit., p. 4.

11. Robert Randau, op. cit., p. 227.

12. Ibid., p. 226.

13. Annette Kobak, op. cit., pp. 240-1.

14. Karelle Ménine, op. cit., p. 4.

15. Annette Kobak, op. cit., p. 241.

16. Robert Randau, op. cit., p. 253.

17. Simone Rezzoug, "État présent des Travaux sur Isabelle Eberhardt". *Annuaire de l'Afrique du Nord* (Paris, CNRS), t. XXI, 1982 (apareceu em 1984), p. 842 (7n).

18. Karelle Ménine, op. cit., p. 4.

19. Annette Kobak, op. cit., p. 244.

20. René-Louis Doyon, "La Vie tragique de la bonne nomade". In: Isabelle Eberhardt, *Mes Journaliers* (Paris: La Connaissance, 1923) apud Karelle Ménine, op. cit., p. 4.

21. No começo dos anos 1980, Simone Rezzoug fez um compilado dos trabalhos publicados sobre a viajante. Ver Simone Rezzoug, op. cit., pp. 841-7.

22. Isabelle Eberhardt, *Écrits intimes*, op. cit., p. 89.

Referências bibliográficas

LIVROS E TRABALHOS SOBRE ISABELLE EBERHARDT NO BRASIL

CASTRO, Norma Regina Oliveira de; FERREIRA, Claudia Felícia Falluh Balduino. *Mulher, islã e literatura: os avatares de Isabelle Eberhardt*. Monografia em Literatura. Departamento de Teoria Literária e Literatura, Universidade de Brasília. Brasília, 2013.

EBERHARDT, Isabelle. *Vagabundagens*. Tradução de Takashi Wakamatsu. São Paulo: Cultura e Barbárie, 2015.

GRANDO, Cristiane. "As viagens, a liberdade e o mundo árabe na obra de Isabelle Eberhardt", *Cadernos de Literatura e Tradução*, Universidade de São Paulo, n. 13, pp. 229-47.

TELLES, Norma. "Estrelas na areia". *Revista Aulas*, Campinas, n. 7, 2010, pp. 167-86.

_____. "Nômade e exploradora à sombra do deserto: Isabelle Eberhardt", Labrys, *Estudos Feministas*, jul.-dez. 2012. Disponível em: <https://www.labrys.net.br/labrys22/aventure/norma%20isabelle.htm>. Acesso em: 17 fev. 2021.

TORRÃO FILHO, Amilcar. *A verdade do eu é um outro: paisagem, deserto e alteridade em Isabelle Eberhardt*. Faculdade de Ciências Sociais. Pontifícia Universidade Católica de São Paulo (PUC-SP)/ Universitat de Barcelona (UB), Espanha, 2016-17.

OUTRAS REFERÊNCIAS

ABDEL-JAOUAD, Hedi. "Isabelle Eberhardt: Portrait of the Artist as a Young Nomad". *Yale French Studies*, n. 83, Post/Colonial Conditions: Exiles, Migrations, and Nomadisms, v. 2, 1993.

ALARCON, Daniela Fernandes. *O retorno da terra: as retomadas na aldeia tupinambá da Serra do Padeiro, Sul da Bahia*. São Paulo: Elefante, 2019.

ARABI, Ibn. *Le Dévoilement des effets du voyage*. Apud DELACOUR, Marie-Odile; HULEU, Jean-René. *Le Voyage soufi d'Isabelle Eberhardt*. Paris: Éditions Joëlle Losfeld/ Gallimard, 2008.

ARNOULT, Pierre. *Rimbaud*. Paris: Albin Michel, 1943.

ASLAN, Reza. *No God but God: The Origins, Evolution, and Future of Islam*. Nova York: Random House, 2006.

BENAMARA, Khelifa. *Le Destin d'Isabelle Eberhardt en Algérie: Amour, mystique, espionnage et mort violente*. Paris: Publibook, 2013.

BELENKY, Masha, "Nomadic Encounters: Leïla Sebbar Writes Isabelle Eberhardt". *Dalhousie French Studies*, v. 96, 2011. Disponível em: <http://www.jstor.org/stable/23621483?seq=1#page_scan_tab_contents>. Acesso em: 25 maio 2022.

BENZIANE, Sabrina. *Réalité et Création littéraire dans l'œuvre d'Isabelle Eberhardt*. (Doutorado em Ciências de Textos Literários.) Faculdade de Letras e Línguas Estrangeiras, Universidade de Batna 2. Batna, 2016-17.

BIRD, Dúnlaith. *Travelling in Different Skins: Gender Identity in European Women's Oriental Travelogues, 1850-1950*. Oxford: Oxford University Press, 2012.

BIVONA, Daniel. *Desire and Contradiction: Imperial Visions and Domestic Debates in Victorian Literature*. Manchester/ Nova York: Manchester University Press, 1990.

CAILIOIS, Roger. *Méduse es Cie*. Paris: Gallimard, 1960.

CHARLES-ROUX, Edmonde. *Un Désir d'Orient: Jeunesse d'Isabelle Eberhardt, 1877-1899*. Paris: Éditions Grasset & Fasquelles, 1988.

DAVIDSON, Robyn, *Tracks*. Livro digital. Londres/ Nova Délhi/ Nova York/ Sydney: Bloomsbury, 2012. [ed. bras.: *Trilhas — A incrível jornada de uma mulher pelo deserto australiano*. Trad. de Celina C. Falck-Cook. São Paulo: Seoman/ Pensamento Cultrix, 2015.]

DELACOUR, Marie-Odile; HULEU, Jean-René. *Le Voyage soufi d'Isabelle Eberhardt*. Paris: Éditions Joëlle Losfeld/ Gallimard, 2008.

_____ (Orgs.). *Écrits sur le Sable (nouvelles et roman): Œuvres Complètes*, 2 v. Paris: Bernard Grasset, 1988.

DELEUZE, Gilles; GUATTARI, Félix. "Tratado de nomadologia". *Mil platôs: capitalismo e esquizofrenia*. v. 5. Trad. de Peter Pál Pelbart e Janice Caiafa. Rio de Janeiro: Editora 34, 1997, p. 14.

DOYON, René-Louis. "La Vie tragique de la bonne nomade". In: EBERHARDT, Isabelle. *Mes Journaliers*. Paris: La Connaissance, 1923.

EBERHARDT, Isabelle. *Écrits intimes*. 3ª ed. Marie-Odile Delacour; Jean-René Huleu (Orgs.). Paris: Petite Bibliothèque Payot, 2003.

_____. *The Oblivion Seekers*. Org e trad. de BOWLES, Paul. São Francisco: City Lights, 2001.

ENARD, Mathias. *Bússola*. Trad. de Rosa Freire d'Aguiar. São Paulo: Todavia, 2018.

FEDERICI, Silvia. *O ponto zero da revolução: trabalho doméstico, reprodução e luta feminista*. Trad. de Coletivo Sycorax. São Paulo: Elefante, 2019.

HARTMAN, Saidiya. *Vidas rebeldes, belos experimentos: histórias íntimas de meninas negras desordeiras, mulheres encrenqueiras e queers radicais*. Trad. de floresta. São Paulo: Fósforo, 2022.

HOOKS, bell. *Olhares negros: raça e representação*. Trad. de Stephanie Borges. São Paulo: Elefante, 2019.

HOURANI, Albert. *Uma história dos povos árabes*. Trad. de Marcos Santarrita. São Paulo: Companhia de Bolso, 2006.

KOBAK, Annette. *The Life of Isabelle Eberhardt*. Nova York: Alfred Knopf, 1989.

LAHUEC, Soazic, "Tentative d'assassinat d'Isabelle Eberhardt: un dossier judiciaire qui interroge". *Cahiers de la Méditerranée*, n. 78, 2009.

LORDE, Audre. *A unicórnia preta*. Trad. de Stephanie Borges. São Paulo: Ubu, 2020.

LYAUTEY, Hubert. *Vers le Maroc, Lettres du Sud oranais, 1903-1906*. Paris: Librairie Armand Colin, 1937.

MACHADO, Beatriz Barcellos. *A trama e a urdidura — um ensaio sobre educação a partir do encantamento*. (Doutorado em Filosofia.) Faculdade de Filosofia, Letras e Ciências Humanas da Universidade de São Paulo, São Paulo, 2010.

MACKWORTH, Cecily. *The Destiny of Isabelle Eberhardt*. Londres: Routledge & Kegan Paul, 1951.

MÉNINE, Karelle. "Isabelle Eberhardt, de l'une à l'autre". *Le Couleurs des Jours*, n. 29, inverno 2018-19.

ODELL, Jenny. *Resista: não faça nada: a batalha pela economia da atenção*. Trad. de Ricardo Giassetti e Gabriel Naldi. São Paulo: Latitude, 2021.

PRATT, Mary Louise. *Os olhos do Império: relatos de viagens e transculturação*. Trad. de Jézio Gutierre. Bauru: Edusc, 1992.

_____. "Planetarity Longings". In: PRATT, Mary Louise; MANLEY, Ron G.; BASSNETT, Susan. *Intercultural Dialogue*. Londres: British Council, 2004, pp. 10-31.

RANDAU, Robert. *Isabelle Eberhardt: Notes et souvenirs*. Livro digital. Paris: La Boîte à Documents, 1989.

REZZOUG, Simone. "État présent des travaux sur Isabelle Eberhardt". *Annuaire de l'Afrique du Nord* (Paris, CNRS), t. XXI, 1982 (apareceu em 1984), p. 842 (7n).

ROCHD, Mohammed. *Le Dernier voyage dans l'ombre chaude de l'Islam*. Argel: Entreprise nationale du livre, 1991. Apud DELLAVEDOVA, Alba, "La Recherche de l'inconnu dans les textes d'Isabelle Eberhardt: la valorisation du movement". *Multilinguale*, n. 8, 2017. Disponível em: <https://journals.openedition.org/multilinguales/350>. Acesso em: 21 fev. 2021.

_____. *Isabelle Eberhardt, Une version inédite de Sud oranais, Notes de route*. Argel: ENAG Édition, p. XV.

RUMI, Jalaludin. *A dança da alma*. Trad. de Rafael Arrais. Livro digital. Edição do Autor, 2013.

SAID, Edward. *Cultura e imperialismo*. Trad. de Denise Bottmann. São Paulo: Companhia de Bolso, 2011.

SARDUY, Severo. "La Simulación". In: GUERRERO, Gustavo; WALH, François (Orgs.). *Obra completa*. Tomo II. Madri/ Barcelona/ Lisboa/ Paris/ Cidade do México/ Buenos Aires/ São Paulo/ Lima/ San José: ALLCA XX, 1999.

SERRANO, Sónia. *Mulheres viajantes*. Lisboa: Tinta da China, 2014.

STOLL-SIMON, Catherine. *Si Mahmoud ou la renaissance d'Isabelle Eberhardt*. Léchelle: Zellige, 2006

TEITELBAUM, Benjamin. *Guerra pela eternidade: o retorno do Tradicionalismo e a ascensão da direita*. Trad. de Cynthia Costa. Campinas: Editora da Unicamp, 2021.

TEIXEIRA, Alessandra; SALLA, Fernando Afonso; MARINHO, Maria Gabriela da Silva Martins da Cunha. "Vadiagem e prisões correcionais em São Paulo: Mecanismos de controle no firmamento da República". *Estudos Históricos*, Rio de Janeiro, v. 29, n. 58, pp. 381-400, maio-ago. 2016. Disponível em: <https://www.scielo.br/pdf/eh/v29n58/0103-2186-eh-29-58-0381.pdf>. Acesso em: 16 fev. 2021.

TODOROV, Tzvetan. *A conquista da América: a questão do outro*. 2ª ed. Trad. de Beatriz Perrone-Moisés. São Paulo: Martins Fontes, 2003.

TROJANOW, Ilija. *O colecionador de mundos*. Trad. de Sergio Tellaroli. São Paulo: Companhia das Letras, 2006.

VIEIRA JUNIOR, Itamar. *Torto arado*. São Paulo: Todavia, 2019.

WILLIAMS, Holly. "Why do Women Write Under Men's Names?". Disponível em: https://hollywrites.com/why-do-women-write-under-mens-names/. Acesso em: 15 jul. 2022.

WOOLF, Virginia. *Orlando: uma biografia*. Trad. de Tomaz Tadeu. Belo Horizonte: Autêntica, 2017, p. 146.

ZWEIG, Stefan. *El candelabro enterrado*. S.l.: Greebooks Editore, 2006.

A marca FSC® é a garantia de que a madeira utilizada na fabricação do papel deste livro provém de florestas gerenciadas de maneira ambientalmente correta, socialmente justa e economicamente viável e de outras fontes de origem controlada.

Copyright © 2022 Editora Fósforo
Copyright da parte I e da organização © 2022 Paula Carvalho
Copyright da tradução © 2022 Editora Fósforo

Todos os direitos reservados. Nenhuma parte desta obra pode ser reproduzida, arquivada ou transmitida de nenhuma forma ou por nenhum meio sem a permissão expressa e por escrito da Editora Fósforo.

EDITORAS Rita Mattar e Fernanda Diamant
EDIÇÃO Eloah Pina
ASSISTENTE EDITORIAL Mariana Correia Santos
PREPARAÇÃO Livia Azevedo Lima
REVISÃO Andrea Souzedo e Luicy Caetano
DIRETORA DE ARTE Julia Monteiro
CAPA Tereza Bettinardi
MAPA Gustavo Queirolo
IMAGEM DA CAPA Isabelle Eberhardt em Túnis. Arquivo de Ali Abdul Wahab, c. 1899
PROJETO GRÁFICO Alles Blau
EDITORAÇÃO ELETRÔNICA Página Viva

Dados Internacionais de Catalogação na Publicação (CIP)
(Câmara Brasileira do Livro, SP, Brasil)

Direito à vagabundagem : as viagens de Isabelle Eberhardt / organização Paula Carvalho ; tradução Mariana Delfini. — São Paulo : Fósforo, 2022.

ISBN: 978-65-89733-66-9

1. Eberhardt, Isabelle, 1877-1904 — Viagens 2. Ensaios literários I. Carvalho, Paula.

22-116628   CDD — 809

Índice para catálogo sistemático:
1. Ensaios : Literatura   809

Cibele Maria Dias — Bibliotecária — CRB-8/9427

Editora Fósforo
Rua 24 de Maio, 270/276
10º andar, salas 1 e 2 — República
01041-001 — São Paulo, SP, Brasil
Tel: (11) 3224.2055
contato@fosforoeditora.com.br
www.fosforoeditora.com.br

Este livro foi composto em GT Alpina
e GT Flexa e impresso pela Ipsis em papel
Pólen Natural 80 g/m² da Suzano para a
Editora Fósforo em agosto de 2022.